任せる技術

小倉 広

日経ビジネス人文庫

まえがき

「どうすれば後輩・部下が育つでしょうか？　いつまでたってもできるようになりません」

「どうすれば自分自身のレベル・アップができるでしょうか？」

「仕事が多すぎて潰《つぶ》れてしまいそうです。どうすれば楽になれますか？」

「ずっと昔から手をつけたかった仕事の改善。忙しくてまったく手をつけられません」

「ワークライフバランスなんて、仕事が忙しすぎて考えることもできません」

一見バラバラな5つの問いの答え。実はたったひとつなのだ。

それは、あなたの仕事を「後輩・部下に任せる」こと。

もしも、あなたがあなたの仕事を後輩・部下に任せることができたなら。それだけであなたの悩みの大半はなくなるに違いない。

任せた方がいいことは、言われなくてもわかっている。しかし、なぜかあなたは任せることができない。後輩・部下に任せたくても任せられない。

本書は「任せられない」を「任せられる」ようにするための本である。

その発想の原点は「できるようになってから任せる」のではなく「できなくてもムリして任せる」というところにある。

一見、むちゃくちゃな「ムリして任せる」。しかし、現実には、そこからしか何も生まれない。そもそもビジネスとはリスク・テイクを伴うものだ。リスク・ゼロのビジネスはない。後輩・部下に仕事を任せるのも、それは同じこと。

リスクを取る。しかし、リスクを最小化し、ダメージ期間を最短にする。打つべき手を打ってからリスクにチャレンジするのだ。本書はその具体的な方法論を提示する。

後輩・部下に仕事を任せることは典型的なＷＩＮ・ＷＩＮだ。先輩・上司は一段階上の仕事にシフト・アップできるし、後輩・部下は成長できる。それは十分に魅力あるチャレンジだ。やらない手はない。いや、やらなくてはならない。本書があなたの「任せる」を助け、あなたと後輩・部下双方のレベル・アップの一助にならんことを強く望む。

２０２０年３月

文庫化にあたって

小倉　広

目次

まえがき 3

CHAPTER 0 人は「仕事を任されて」育つ

01 課題解決はメンバーにやらせろ 14
僕は「任されて」育った／僕は「任せる」へと舵を切った

02 時に、人は「任されすぎて」潰れる 20
僕は「任されすぎて」潰れた／僕は「任せすぎて」潰してしまった

03 潰さずに育てる「任せ方」 26
なぜ上司は部下に任せないのか？／「任せ下手」が「任せ上手」になるために

CHAPTER 1

ムリを承知で任せる

01 「できるようになってから」任せるのではない 34
任せるから「できるようになる」／任せない上司は上司失格／任せると上司も成長する

02 ムリをしなければ脳の筋肉はつかない 40
ここ一番では「ムリをする」／壁の手前に成長はない。壁の手前にやりがいはない／無理やりムリをさせることはできない

03 部下が失敗する「権利」を奪うな 46
失敗が喉の渇きを引き起こす／失敗する「権利」

04 既に「課長の仕事」をしている人を後から課長にする 52
課長になってからやります、という人はなってもやらない／肩書なしでインフォーマルに要望する

CHAPTER 2

任せる仕事を見極める

01 「作業」ではなく、「責任」を任せる 60

02 こんな仕事をいきなり任せてはいけない 67
上司が「責任」を負ったままでは任せたことにならない／定例反復的な仕事は100％部下に任せる／能力開発、姿勢開発に必要な仕事を任せる

03 こんな人にリーダーを任せてはいけない 73
未体験ゾーンの仕事を任せてはいけない／「緊急でない重要事項」を任せてはいけない／「人を動かす仕事」をいきなり任せてはいけない

リーダーとマネジャーは似て非なるモノ／リーダー適性がないのはこんな人／リーダー適性があるのはこんな人

04 任せることは「放ったらかし」にすることではない 80
「放ったらかし」と「任せる」を勘違いしている上司たち／舞台の袖から子供のピアノの発表会を見守る母のように／上級編の「任せる」、初級編の「任せる」

CHAPTER 3 任せる。と伝える

01 手を貸さずにジャンプさせる 88
説得されて任された部下は上司のせいにする／溝を跳び越えてジャンプして来い！／上司は常に選択肢を用意する

02 ビジョンを重ねる 94
人生のビジョンがない部下には任せられない／部下と一緒にビジョンを描く／ビジョンなし、なら今に集中

03 無理難題が言える関係をつくる 100
任せることは、無理難題を言うこと／信頼関係ができていない部下に無理難題は言えない／信頼関係をつくるために

04 自分のコピーをつくろうとするな 107
任せる、と言いながら、自分流を押しつける上司／任せる、ということは、自分と違うやり方に異を唱えないこと／指示命令でも提案でもない。独り言をつぶやく

CHAPTER 4

ギリギリまで力を発揮させる

01 手加減せずにベストを求める 114
仕事のレベル・アップを求める／同僚への影響力・リーダーシップを求める／自己成長を求める

02 自分に矢印を向けることを求める 120
相手に矢印を向ける人は成長しない／自分に矢印を向けさせるために／上司が模範を示す

03 相手をプロとしてリスペクトせよ 126
選手をプロとしてリスペクトする落合監督／高い要望をする時にしてしまう勘違い／「厳しさ」と「優しさ」の両立

04 過去をリセットする 132
過去を変えることはできないが未来は変えられる／「原因分析」と言い訳をして部下を責めない／達成してもリセットする

CHAPTER
5 口出しをガマンする

01 魚を与えるな、とり方を教えよ 140
じっとこらえてガマンする／何かを得るためには何かを捨てなければならない／魚のとり方を教えよ

02 部下を脇役にするな 146
宿題をやりなさい、と言ってはならない／会議や集会で主役になってはいけない／任せる側は黒子になって陰で手伝う

03 フィードバックの5段階 152
ズボンのチャックが開いているよ／先週末締め切りの仕事、どうなっている？／追い越し禁止

04 気づいても気にしない 159
用人不疑、疑人不用／疑わないということは妄信することではない／気にしない、気にしない

CHAPTER 6
定期的にコミュニケーションする

01 1日1回、週1回 166
何かあったら、では相談できない／1日1回、週1回／未来をつくる緊急ではない重要事項

02 取り調べ尋問をするな 172
取り調べ尋問は部下の主体性を奪う／相談したいことを相談させるティータイム／相手に合わせて臨機応変

03 心のガソリンを補給せよ 179
アクノリッジメント＝心のガソリン／問題解決ではなく共感理解／口は一つ、耳は二つ

04 締め切りのない仕事に締め切りをつくれ 185
緊急でない重要事項、二つの特徴／ブレーク・ダウンを手伝う／マイルストーンを共に刻む

CHAPTER 7

仕組みをつくって支援する

01 人の組合せで支援する 194

スーパーマンをつくろうとするな／組合せの妙 ―― トップとナンバー2／平凡な人材で非凡な成果をあげる

02 武器を与える 200

誰がやっても70点を取れる武器／残りの30点はホワイト・スペース／単純化と専門化も同時に考える

03 「全自動厳しい装置」 206

見える化は「馬にニンジン」か？／1秒で理解できないものは見える化ではない／リアルタイムにアップデート

04 ストーリーで横シャワーを起こす 212

横シャワーの威力／三流組織は上シャワー、一流組織は横シャワー／ナラティブ・ストラクチャーで共有する

CHAPTER 0

人は「仕事を任されて」育つ

01 課題解決はメンバーにやらせろ

■ 僕は「任されて」育った

僕の職業は組織人事コンサルタント、人材育成のプロと呼ばれる仕事だ。
いつもはクライアントの育成をお手伝いしている僕だが、時々は自分を振り返り、僕自身はどう育ったのだろう？　と考える時がある。その時に必ず頭に浮かんでくる場面がある。

僕は29歳の時、人事異動により内勤の事業企画からコンサルタントへと職種が変わった。新しい部署での出勤初日。新しい上司は僕の顔を見るや否やいきなりこう切り出した。

「小倉、よく来た、待ってたぞ。ちょうど今から契約したばかりのクライアントと最初の打ち合わせがある。一緒に行こう」

僕は元気よく、はい！　と返事をした。そしてこう思った。「ラッキー！」と。

着任早々、いきなり憧《あこが》れの仕事であったコンサルティング現場を生で目にすることができるのだ。これほどの幸運はない。しかし、その喜びも束の間、僕はいきなり断崖から突き落とされることとなったのだ。

タクシーで向かう10分ちょっとの道すがら、上司は車の中で突然こう言った。

「これから行く訪問先の会社はな。おまえが担当することになっているんだ。提案書の担当コンサルタント欄には小倉、って書いてある。仕事内容は成果型人事制度の設計。期間は6カ月間。先方社長には、小倉が今日赴任してきたばかりだ、とは言っていない。言えば先方が不安になるからだ。コンサルタントは信頼されなければ仕事にならない」

えっ……。あまりに突然のできごとに僕は言葉を失った。なぜならば、コンサルティングという仕事がどのようなものなのか、その時の僕はまったく知らなかったからだ。それだけではない。成果型人事制度がどういうもので、どのようにして設計するのかもわからなかった。言うまでもないが僕はベテランコンサルタントなどではない。

車が現地に着き、上司が料金を支払っている間に、僕は完全にパニックに陥った。ビルに入る。受付に寄り社長室へ向かう。その間、僕は覚悟を決めた。えぇい。なんとかなる。ベテランらしく振る舞おう、と開き直ったのだ。

その6カ月後、僕は見事に顧客から信頼を獲得することができた。ド素人の初めてのコンサルティングであることを先方に微塵《みじん》も感じさせず、ベテランとして振る舞い、プロジェクトを完遂したのである。その時僕は思った。やればできるじゃん。どんな仕事でもできそうな気がするぞ、と。

■僕は「任せる」へと舵を切った

今から十年以上前のことだ。僕がコンサルティング会社の社長をしていたある日のこと。部下のコンサルタントである山田君（仮名）がこのように言ってきた。

「小倉さん、クライアントの会議に同席をお願いします。準備はすべて私がやりますので、ぜひ、日程調整をお願いします」

「オーケー。その日なら空いているから大丈夫。一緒に行こう」

それから一週間が過ぎ、約束の日の前日になった。僕は山田君に声をかけた。

「明日の準備はどうだい？」山田君が応える。

「小倉さん。ばっちりです。既に準備は完璧にできています。ご安心下さい」

ところが、である。大切な日に限り、トラブルが起きるのは世の常である。案の定、別のクライアントで大きなトラブルが起こり、社長である僕は急遽そちらの対応に駆けつけなくてはならなくなった。僕は山田君を呼び、こう伝えた
「明日、やっぱり行けないわ。山田君なら一人で大丈夫。明日の会議は任せたよ」

その瞬間、山田君は緊張にあふれた表情を見せた。そして、あきらめたように言った。

「わかりました。非常に不安ですが、なんとか一人でやってみます」

僕は頭を切り換えて、トラブル対応の打ち合わせに戻ることにした。

しかし、打ち合わせをしていても、オフィスがなぜか騒がしい。ふと見ると、山田君があたふたと走り回っているではないか。僕は声をかけた。

「どうした、山田君。何かあったのか？」

「いえ、明日の準備をしているだけです」

ん？　明日の準備だと？

「おい、山田君。明日の準備はもうバッチリ終わっている、と言っていたじゃないか」

僕が問いかけると、彼は、驚くような返答をしたのだ。

「はい。終わっていました。でも、小倉さんが行かないのなら、話は別です」。

僕は、一瞬、理解できなかったが、ゆっくり考え、ようやく理解した。彼はおそらく、こう言いたいのだろう。

「小倉さんが、一緒に行ってくれるなら、80％の準備でもなんとかなります。お客さんから鋭い突っ込みが来ても、小倉さんが対応してくれるからです。しかし、自分一人で行くなら話は別です。お客さんから何を突っ込まれてもいいように、120％『万全の準備』をしなくてはならないのです。準備の仕方が変わってくるのです」と。

この瞬間に僕は悟った。そうか。僕が彼らの隣にいる限り、永遠にこれは続くのだ、と。僕が隣にいる限り、彼らは僕に依存する。彼らがいくら能力が高くても、精神的に独り立ちはできない。だったら、強制的にでも引き離すしかない。今回のように、一人で行かせるのだ。すべてのお客さんにおいて！　一社も残さずに！

翌朝、僕は社員を全員集めてこう宣言した。

「これまで僕はすべての案件に同行していた。しかし、それが間違いだったと気がついた。今日から僕は、あらゆる案件に同行することを一切やめる。すべて君たち一人で行ってくれ。それで売上が下がるならそれでいい。品質が下がってもいい。僕は曲がりなりにも経営者だ。経営者が走り回ってつくる売上や品質は本来会社の実力ではない。君たちがつくり上げる売上と品質が本来の会社の実力だ。僕がいると君たちの能力発揮の邪魔をしてしまう。だから、僕は一切表に出ないことにする。君たちに、本当の意味で任せることにする」と。

ここから、僕の「任せる技術」が始まったのだ。

02 時に、人は「任されすぎて」潰れる

■ 僕は「任されすぎて」潰れた

では、上司は部下に何でもかんでも任せればうまくいくのだろうか。当たり前だがそうではない。人を選ばなくてはならない。時を選ばなくてはならない。任せ方を選ばなくてはならない。そこで次に、皆さんには逆の失敗例をお伝えしなくてはならないだろう。成功例だけをあげて論を展開するのは不公平というものだからだ。

それは、僕が上司から任されすぎて潰れてしまった話と、逆に、部下へ任せすぎて人を潰してしまった話だ。「任せすぎる」と失敗をする。そんな例だ。

29歳。コンサルタントとしてのスタートを華々しく切った僕は絶好調だった。新米にもかかわらず次々と新規顧客を開拓し、日の出の勢いであったのだ。

そんな僕に期待してくれたのだろう。上司は僕をわずか半年で課長に抜擢した。僕は6名の部下を束ねるリーダーとして任命されたのだ。ところが、これがまずかった。

結論から言えば、僕はそのわずか半年後、課長という役職を降りることになる。うつ病にかかり、会社に来るのが怖くなった。上司や部下に内緒で病院へ通い、どうにもこうにもならなくなった揚げ句に上司に嘆願したのだ。

「すみません。僕に課長の職は重すぎます。どうかリーダーから降ろして下さい」と。

今からすればそれは当たり前の失敗だったように思う。僕はそのチームで最年少。部下の多くは社歴もコンサルタント歴も僕を上回る先輩ばかりだったのだ。それだけではない。当時の僕は調子に乗った「天狗」の状態。メンバーたちの気持ちやチームの状態を考えもせず、言いたいことを言い、やりたいことをやるばかり。つまりはリーダーとしての資質には、まったくもって欠けていたのである。

多くの場合、リーダーはリーダーシップに優れているから任命されるのではない。プレイヤーとして優秀な者がその責に抜擢される。つまり、新任リーダーとは、リーダーとしてはド素人。まったくの新米である、という自覚を本人もその上司も持たなくてはならないのだ。となれば、本来は上司による手厚いサポートが必要なはずだ。そして新米リーダーに対する教育が要る。しかし残念ながら、当時の僕にそれらは一切準備されていなかった。

僕は年上のベテラン・メンバーたちへの接し方に迷った。結果、彼らを必要以上に立て、必要以上に仕事を任せることにしたのだ。

しかし、リーダーとして口出しをしなければならないこともある。NOを言わなければならないこともある。僕は、限界ギリギリまでガマンして、その後に、メンバーへ否定的な介入をした。「任されている」と思ったメンバーは驚いた。最後の最後で僕にひっくり返されてしまったのだから。

僕のリーダーシップはまるでジグザグ運転の車のようだった。大きく右にハンドルを切り、次に逆の左へ大きく舵を切る。そんな蛇行運転を繰り返してしまったのだ。

当然ながらメンバーは不信感を持って僕を見る。僕は先輩メンバーの視線を必要以上にデリケートに受け止めた。そんなこんなの繰り返しで、あっという間に僕はリーダーとしての自信を失っていったのだ。僕は上司の期待に応えることができなかった。

その後、僕はプレイヤーに戻してもらい、再び水を得た魚のように元気を取り戻した。そして再び次々と大きな成果をあげた。役割を変えることで復活したのだ。

幸いなことに僕は一度潰れてしまったが復活することができた。しかし、あのまま退職してしまったとしてもおかしくはないような状況だったと、今になって思う。人は「任されて」育つこともあるが、「任されすぎて」潰れてしまうこともある。それを実感したできごとであった。

■ 僕は「任せすぎて」潰してしまった

僕がコンサルティング会社の社長を務めていたときのことだ。

異業種から転職してきた営業マンの佐藤さん（仮名）のテキパキとした仕事ぶりが目にとまった。顧客とのやりとりも的確でていねい。社内の連携もスムーズで業績も期待通り。忙しさで殺伐としていた職場で彼はキラキラと光り、周囲を明るく照らしていたのだ。

ベンチャー企業は常に人材不足だ。設立間もない当社もあらゆる部署で人材、特に管理職が欠けていた。僕は佐藤さんに目をつけ、ある日彼と面談の機会をつくった。

「佐藤さん、少し早いかもしれないが営業のリーダーをやってくれないだろうか」

佐藤さんは、笑いながら、いえいえ、私など、と謙遜した。私は
「いや、そんなことはない。佐藤さんの働きはすばらしいよ。ぜひお願いしたい」と繰り返した。佐藤さんの謙遜をちょっとした社交辞令程度に受け取っていたからだ。

しかし、佐藤さんの返答は、それを繰り返すのみ。

「私にはまだ早いです。私以外にいくらでも適任な先輩がたくさんいらっしゃいます」

何度かこのやりとりを繰り返した後、私は仕方なく話を打ち切った。

「そうか、僕はあなたなら大丈夫だと思うのだけれど。少し考えてみてくれないか」

はい。佐藤さんは笑顔でうなずくと席へ戻っていった。

それから半月ほど経ったところで、佐藤さんが大きな受注を獲得した。これは神の啓示に違いない。僕はそう思い込み、彼を呼び出し、活躍をほめねぎらい、そしてこう言った。

「佐藤さん。例のチームリーダーの件だが、僕は決めたよ。あなたこそリーダーにふさわしい。ぜひみんなのために力になってくれ」

佐藤さんは驚いたような目でじっと僕を見ると、力なく、わかりました、と応えた。

そして、三日後に彼は辞表を提出し去って行った。もちろん僕は彼を引き留めた。悪かった。もうリーダーの件は忘れてくれ。元のプレイヤーで活躍してくれればそれでいい。しかし、彼の決断は変わらなかった。僕は呆然と立ち尽くした。

僕の常識からすれば、抜擢や挑戦は100％ポジティブであり喜ぶべきものだった。しかし、佐藤さんは違った。いや、僕の価値観と同じ人はほとんどいないのだ。この当たり前のことを僕はこの体験から学んだ。と同時に、抜擢や「任せる」ことが相手に相当なプレッシャーを与えることも学んだ。

「任せる」と人は育つ。しかし、「任せすぎる」と人は潰れる。「任せる」は諸刃の剣であることを僕は知った。

03 潰さずに育てる「任せ方」

■ なぜ上司は部下に任せないのか？

うまく任せれば人は育つ。

しかし、
任せ方を間違えば人は潰れる。

その結果は、上司にとって天国と地獄ほどの大きな差がある。それはプラス10とプラス5の差ではない。プラス10とマイナス10の差。まったく正反対の結果が待っているのだ。

だからこそ、上司は部下に仕事を任せることを恐れる。

それだけではない。上司が部下に仕事を任せたくない理由は他にいくらでもあげられる。

- 部下に任せて失敗することを恐れている。上司の責任になってしまうのが怖い。
- 部下に任せることで仕事の質が下がり、部署全体の業績が下がることを恐れている。
- 部下に任せるためには手取り足取り教えなければならない。自分がやった方が早い。
- 部下に教えられるほどにノウハウが整理体系化されていない。
- 口下手であり、うまく部下に教えることができない。
- 部下が自分の仕事が増えることを嫌がり、場合によっては任せられることを拒絶する。
- 仕事を部下に任せることにより職場にストレスがたまり雰囲気が悪くなる。
- 部下に仕事を任せることで、上司がラクをしているのではないかと疑われるのが怖い。
- 上司自身が忙しくしていることに快感を覚え、仕事を部下に渡したくない。
- 部下に任せることによるわずかな品質低下が許せないほどに上司が完璧主義者である。
- 部下に仕事を任せたいと思っているが、何をどこまで任せていいのかわからない。

等々……………。

このように「任せられない」理由はいくらでもある。だからこそ、任せれば育つ、とわかりながらも、上司は任せることができないのであろう。

では、これらの問題がすべてクリアされたとしたらどうだろう？　世の「任せられない」上司が、部下に仕事を任せられるようになったとしたらどうなるだろうか？

もし、それを属人的な暗黙知ではなく、共有可能な形式知にできるならば、人材育成という暗闇に大きな光をあてることができるのではなかろうか？　それが本書を著す僕の動機である。

■「任せ下手」が「任せ上手」になるために

組織人事コンサルタントとして、僕はこれまでに10万人以上の管理職と会ってきた。彼らの多くは、かつての僕と同じように部下に仕事を任せるのが大の苦手である。

そんな彼らが「任せ上手」になるためには、いくつかのポイントを身につける必要があるように思う。そのポイントさえ身につければ、あなたも明日から「任せ上手」「人材育成上手」の上司になれると僕は思うのだ。

その任せ方のポイントは次の7つだ。

人を育てる任せ方　7つのポイント

①ムリを承知で任せる

任せる、と決めた以上、まずは任せることを「始め」なくてはならない。しかし、多くの上司は「まだまだ任せるわけにはいかない……」と「始める」ことを保留するのだ。それでは任せることなど一生できない。ムリを承知でまずは任せるのだ。

②任せる仕事を見極める

とはいえ、任せる仕事の見極めを間違ってはならない。ムリして任せるからといって必要以上に手加減をしすぎ、作業だけをやらせてはいけない。責任を伴ってこそ初めて作業は仕事になる。また、組織の要リーダーの選任を軽はずみにしてはならない。後述の基準にて厳正に選抜されたい。

③任せる。と伝える

「頼むからやってくれ」。こちらから頭を下げて引き受けてもらってはいけない。仕事のやりがいだけでなく苦労やつらさを伝えた上でなお自分の意思で決断するよう求めるのだ。あらゆることは最初が肝心。伝え方にもデリケートさを必要とする。

④ギリギリまで力を発揮させる

任せた以上、目標達成を求めなければならない。「ムリを承知で任せたのだからできなくても仕方ない」。上司がそんな気持ちでいるならば部下は成長するはずもないだろう。しかし、求めながらも相手をプロとしてリスペクトする。そのバランスが大切だ。

⑤口出しをガマンする

仕事を任せる目的が「人材育成」である以上、上司はガマンして手を貸さないようにしなければならない。手を貸してしまった瞬間に部下の主体性は失われる。思考放棄、責任放棄を促進してしまうのだ。上司がガマンする。ここが一番肝心なポイントだ。

⑥定期的にコミュニケーションする

任せたからといって放ったらかしにするのは間違いだ。部下の隣を伴走しながら、励ましアドバイスを送る。そのためには定期的に面談などをするのが効果的だろう。その際に、勢い余って上下関係で命令してはいけない。力加減の妙が求められるだろう。

⑦仕組みをつくって支援する

いくら面談などコミュニケーションで支援するとはいえ、それだけではサポート不足だ。徒手空拳《としゅくうけん》（手に何も持たないこと）で空回りさせないよう、武器を渡し環境を整えてあげることも大切だ。お膳立ては上司の仕事。その上で部下の創造性を発揮させるのだ。

では、それぞれに必要となる考え方やノウハウを以下具体的に見ていこう。

CHAPTER 1

ムリを承知で任せる

きるようになってから」
るのではない

■任せるから「できるようになる」

部下に仕事を任せられない人に共通する間違ったパラダイム（世界観）がある。それは「できるようになってから」任せるというパラダイムだ。しかし、その考え方でいる限り、なかなか部下に仕事を任せることはできないだろう。

思い出してみてほしい。あなた自身がどのようにして育てられてきたのかを。あなたは最初から今のように完璧に仕事ができていただろうか？　完璧にできていたからこそ、上司から仕事を任されたのだろうか？

恐らく答えはNOだろう。あなた自身が「できるようになってから」任されたわけではない。「できないうちに」任されたのだ。そして何度も失敗をし、膝を擦りむきながらやり方を覚えてきたはずだ。

「できるようになってから」任されたわけではない。任されたから「できるようになった」。順番が逆なのだ。

生前元気だった頃の母は、40歳をとうに過ぎた僕の衣食住を常に心配していた。「風呂に入ったか？　野菜は食べているか？　暖かい服装をしなさい」彼女の中で僕は永遠の小学生だったのだ。

上司と部下の関係もとてもそれに似ている。上司の心の中で部下はいつまでたっても子供のままで大人にならない。部下が新米だった頃の印象が強烈に頭にこびりついている。そして部下が成長するのと同じように、上司自身も日々成長を続けている。だからその差は永遠に縮まらない。いつまでたっても部下が子供に見えるわけだ。

「できるようになってから」任せるのではない。任せるから「できるようになる」。ムリを承知で任せるのだ。

■任せない上司は上司失格

任せることができない上司は、部下の仕事を自分で抱え込む。そして年がら年中「忙しい、忙しい」と額に汗をかく。自分は人一倍仕事をしている。そう思い込んでいるのだ。しかし、経営者から見るとその上司は「仕事をしていない」に等しい。つまりは本来の上司の仕事をしていない。部下の仕事を上司が奪っていることにしかならないからだ。

経営者からすればこれは大いなる損失だ。部下よりも給与の高い上司が部下の仕事をしているのだ。その分部下が楽をしている。これが損失でなくて何であろう。しかも、上司は上司としての仕事に一切手がつけられていないことになる。これでは明るい未来はない。

そもそも部下の仕事とは、「今日」の食いぶちを稼ぐことにある。一方で上司の仕事とは、「今日とは違う明日」をつくることである。例えば、業務フローを標準化し改善する。営業戦略を立案し実行する。未来のビジョンを策定し部下を勇気づける。部下育成をする。これまでとは違うやり方を示し、より良い未来へ踏み出すのだ。

部下の仕事を奪っている上司は、これを怠っているということになる。目先の忙しさに

「任せること」の必要性認識ワーク

「もっと部下に任せたい」「任せなくてはならない」。頭ではわかっているつもりでもなかなか行動に移せないもの。本ワークでは、3つの視点から現在あなたがどの程度部下に仕事を任せることが必要かを探ります。

「任された体験」を振り返る

Question 1　あなたがプレイヤー時代に上司から任された重要な仕事とは何でしょうか？

Question 2　その仕事を任された時、あなたはどの程度一人でできる状態だったでしょうか？　%で答えて下さい。

Question 3　あなたがその仕事をできるようになった時に成長の手応えをどれくらい感じたでしょうか？

「任せられていない仕事」を振り返る

Question 1　あなたでなくてもできる（補助、手助け付で）、あなたが抱えている仕事を列挙して下さい。

Question 2　過去に一度任せたものの結局自分でやるようになった仕事、任せたいと考えたことがある仕事を列挙して下さい。

「リーダーとして本来すべき仕事」を振り返る

Question 1　本来リーダーがなすべき「今日とは違う明日をつくる仕事」とは何でしょうか？　具体的に列挙して下さい。

Question 2　「時間ができたらやりたいな」と考えていた仕事とは何でしょうか？　具体的に列挙して下さい。

かまけて本質的な上司の仕事を一切していないことになるのだ。先に掲げた「高い給与で部下の仕事を奪うこと」が目に見える損失だとすれば、「今日とは違う明日」づくりを放棄するということは目に見えない大いなる損失だと言えるだろう。

部下に仕事を任せない上司は二つの意味で上司失格である、と言えるのだ。

■ 任せると上司も成長する

部下に仕事を任せる、ということは上司が本来の上司の仕事へとシフトチェンジすることを意味する。上司が「昨日」や「今日」の仕事に追われずに、「今日とは違う明日」をつくる仕事に集中するのだ。それは上司を成長させることになるだろう。

上司が成長しない限り部下は成長しない。目先の仕事に汲々《きゅうきゅう》としていた上司が、ゆったり構えて未来づくり、環境づくりに集中する。そうすれば、部下はより良い環境の中でのびのびと仕事ができるようになるだろう。上司から自分の仕事を奪われることもない。上司の成長が部下の成長をさらに促すのだ。

かつての僕は、部下に仕事を任せることができずに年中走り回っていたものだ。社長というのは肩書だけで、実質はコンサルティング部長 兼 営業部長 兼 経営企画室長。いや、

「長」を外したプレイヤー、という方がより当時の現実に近いと言えるだろう。

当時の僕は「昨日」の後始末と「今日」の仕事で手いっぱいだった。だから「今日とは違う明日」づくりをしなくてはならない、と頭でわかっていても体が動かなかった。目先のことしかできていなかったのだ。

目先の仕事ばかりをしている上司は細かいところにばかり目がいくものだ。今となっては取るに足らないような細かい問題に僕はこだわり、部下の仕事の隅々をチェックし修正していたものだ。それをやることにより、もっと大きな損失が起きていることに気づかずに……。

「任せる技術」に気づいてからの僕は、当時気になっていた細かいことがまったく気にならない。それは、大きな未来づくりに集中することの大切さを知っているからだ。大きな未来づくりをしているからこそ、目先の問題点が小さく見えるようになった、ということもできるだろう。もしも大きな未来づくりに着手できていなければ、小さな問題点がとてつもなく大きく見えたに違いない。比較する対象がないからだ。

02 ムリをしなければ脳の筋肉はつかない

■ここ一番では「ムリをする」

また徹夜をしてしまった。40歳を過ぎてから「ムリをする」働き方はやめよう、と思って生活を改めてきた。しかし、ここ一番、という時は今でも「ムリをする」ことが必要だ。

これは決して日本だけの時代錯誤ではない。シリコンバレーのエリートもここ一番では徹夜を厭《いと》わない。もちろん、その分の休息は必要だが。

今にして思えば、僕が成長できたきっかけは、すべて「ムリをする」中で学んだことばかりだ。それはいったいなぜなのだろうか？

スポーツジムで重いダンベルを持ち上げるトレーニング、これにはいくつかの決まりごとがある。あまりに軽いダンベルを何度持ち上げても筋肉はつかない。だから、筋肉をつけるためには、「ムリして」重いダンベルを持ち上げなくてはならない。30回程度の基本回数を持ち上げた時に腕がプルプルと震えるほどの限界の重さのダンベルを選ぶのだ。

その時、あなたの筋繊維はブチブチと破壊されるのだという。しかしそれでいいのだ。筋トレによりわざと筋繊維を壊すのだ。そして2日程度は筋トレを休む。するとその間に摂取したタンパク質を使って体が筋繊維をつなぎ合わせる。その時に、以前よりも筋繊維が太くなって回復する。これが「超再生」と呼ばれる筋肉がつくメカニズムだ。

それと同じことがあなたの部下の脳にも起きる。つまり、「ムリを経験させる」ことで脳に筋肉をつけることができるのだ。

裏を返せば「ムリ」をさせない限り、脳に筋肉がつくことはない、とも言えよう。ムリを承知で任せるのだ。それがあなたの部下を育てる唯一の方法なのだ。

■ 壁の手前に成長はない。壁の手前にやりがいはない

ムリをしない限り、脳の筋肉はつかない。それと同じことがやりがいについても言えるだろう。僕は職業柄、よくいろいろな方から仕事の相談を受ける。20代、30代の若者に多いのがやりがいについての相談だ。

「小倉さん、今の仕事にやりがいが感じられないのです。転職すべきかどうか迷っています。アドバイスを下さい」と言うのだ。なぜやりがいがないの？　と聞くと返ってくる答えは2種類に大別される。

1つ目は「今の仕事が自分には向いていない」というものだ。例えば営業をやっている人は自分に営業は向いていない、と言う。本当にそうであるかは大いに疑問が残るのだが。

2つ目の理由は、「上司や会社に問題がある」というものだ。職場に問題があり、上司に直訴をしても変わりそうにない。だからあきらめて転職をする、と言うのだ。

僕はその2つを聞くたびにこう思う。

「その状態でどこへ転職しても、絶対にやりがいは見つかりませんよ」と。

「ムリをして成長した体験」リマインド・ワーク

人は一時的に「ムリをする」ことで成長します。あなたはメンバーに能力以上のギリギリを要望することで成長する機会を与えているでしょうか。自分自身の体験と共に振り返ります。

「ムリをして成長した体験」を振り返る

Question 1　あなたがプレイヤー時代に「ムリをする」ことで成長した体験にはどのようなものがありますか？

Question 2　その体験を通じてあなたが手に入れた知識や技術にはどのようなものがありますか？

Question 3　上記のプロセスを通じてあなたが見つけた仕事のやりがいや成長感にはどのようなものがありますか？

メンバーのムリ実践度合いを推定する

Question　以下のグラフにメンバーの名前を書き込み、現在のポテンシャルの何％を発揮しているかを記述して下さい。

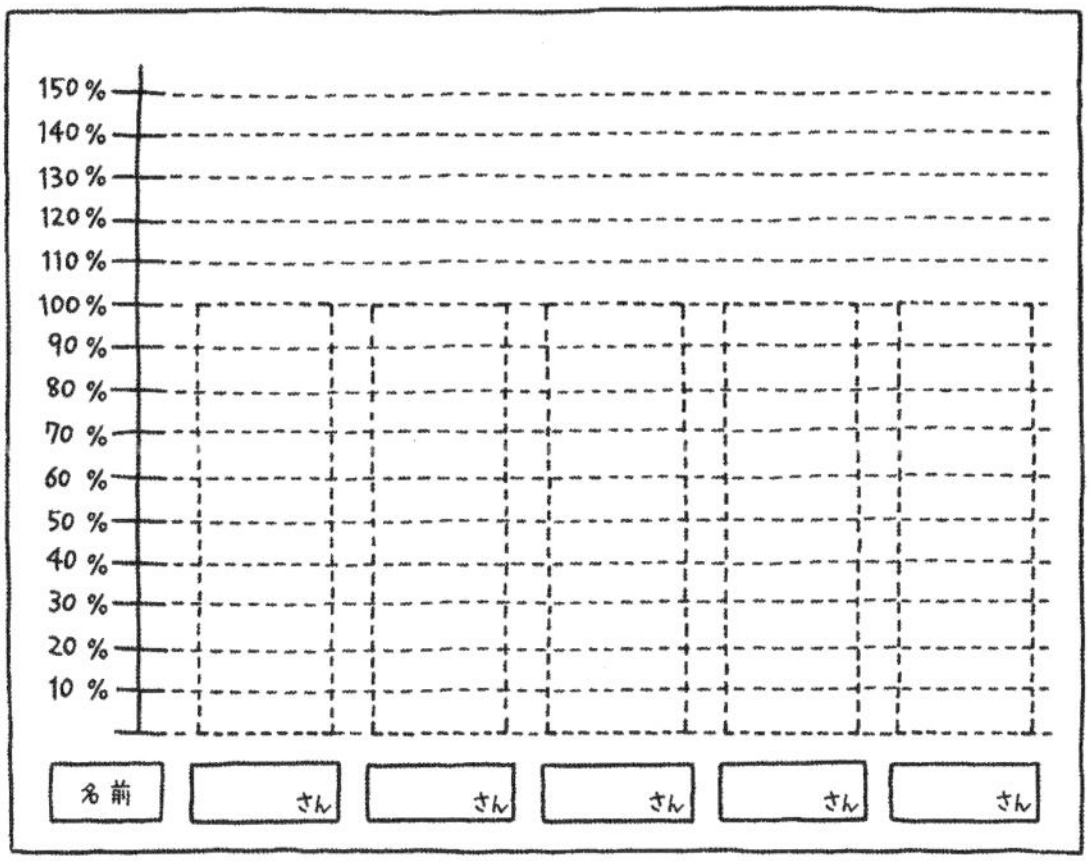

「やりがい」とは、楽ちんな仕事を通じては手に入らない。「やりがい」は壁を乗り越えた向こう側にあるものだからだ。決して壁の手前にそれはない。様々な障害やつらさを乗り越えた時に初めて僕たちは「やりがい」に出会い、それを手にすることができる。しかし、先に相談してくる人たちのほとんどは壁を乗り越える前に逃げ出そうとしている人ばかりだからだ。

「自分は営業に向いていないかもしれない」。たとえそう思ったとしても営業の仕事を誰よりも努力をしてやりきる。その職種でトップを取る。その後に初めてこう言う権利がある。「自分は営業に向いていません」と。

壁を乗り越えようともせず、逃げ出す口実として「自分は営業に向いていない」と言う人は、どこへ行っても「やりがい」に出会うことはできないのだ。もちろん自分のやりたいことができないのを上司や会社のせいにする人にも同じことが言えるだろう。

「ムリをさせる」ことは、脳に筋肉をつけさせる。つまりは能力開発をするだけではない。やりがいを見つけさせ体験させる。つまりは意欲開発、姿勢開発にもつながるのだ。

人材育成とは、能力開発であり、意欲開発、姿勢開発である。そのために必要なのが「ムリをさせる」ことなのだ。決して温室でぬくぬくと育てることではない。

■無理やりムリをさせることはできない

「ムリをさせる」ことが能力開発と意欲開発、姿勢開発につながることはご理解いただけただろうか？　獅子は千尋の谷から我が子を突き落とす。よし、オレも部下を突き放すぞ。そう決意された方も多いのではなかろうか。

しかし、注意をしてほしい。上司が部下に無理やり「ムリをさせる」ことはできない。部下がムリをするのは、自分から望み決意した時だけである。部下が自発的かつ主体的にそうしたい、と思わない限り、それを強制することは不可能なのだ。

「喉が渇いていない馬に無理やり水を飲ませることはできない」

という言葉がある。つまり、

「ムリをしても頑張りたいと思っていない部下に無理やりムリをさせることはできない」

のだ。ここが難しいところだ。

では、いったいどうすれば部下の喉が渇くのか？　どうすればムリしてでも部下が頑張りたいと思ってくれるのか？　その点はこの後、お伝えしていこうと思う。繰り返して言うが、無理強いはできない、ということだけをここではぜひ覚えておいていただきたい。

03 部下が失敗する「権利」を奪うな

■ 失敗が喉の渇きを引き起こす

なぜ人は「任される」と育つのだろうか。

もちろん答えは一つではない。任されるから主体性が育つ。任されるからモチベーションが高まる。任されるから期待が伝わりそれに応えようとする……。様々な要因があげられるだろう。

しかし、それらの中であえて一つを選ぶとするならば、僕は真っ先に「失敗の経験」をあげるだろう。つまり「任される」ことで初めて「失敗」を経験し、「失敗」により人は多くを学ぶのだ。「失敗」すれば痛みが伴う。その時に初めて人は「失敗したくない」と心から思う。「うまくできるようになりたい」と切望する。つまりは、うまくやるための方法という「水」を求めて「喉が渇く」のだ。

そして様々な「試行錯誤」を行う。自分の頭で考えて「工夫」する。やがてうまくいくやり方を見つける。そこで見つけた方法をゴクリと飲み干すのだ。そうして全身にそれをしみ渡らせる。それを繰り返すことにより体で覚えていくのだ。

例えば、数学の問題集を解くとしよう。一番勉強にならないのは、模範解答を見ながら問題を解く方法だ。つまり、喉が渇いてもいないのに水を飲むこと。この水はうまくない。これでは頭に残らず体にも刻まれない。

そうではなく、まずは自力で解いてみるのだ。誰の助けも借りずに自分の頭だけで解いてみる。そして失敗する。なぜだろう？　どうしてだろう？　強烈な探求の欲求が起きる。「失敗」が強烈な喉の渇きを引き起こす。

その上で水を飲む。正解を見て、なるほど、と膝を打つ。そうか！　そうだったのか！　その時の水はさぞや甘い味がすることだろう。そうしてからもう一度、改めて模範解答を見ずに自力で解いてみる。そこで初めて正解が体に溶け込む。これが学習のコツだと僕は思う。

喉が渇いていない状態で水を飲ませてもおいしくはない。しかし、喉が渇いてから飲む水はうまい。「失敗」が喉の渇きを引き起こすのだ。

「失敗」から「成功」へ至るプロセスこそが部下を育てる。だから「任せる」ことで人が育つのだ。

■ 失敗する「権利」

だからこそ、上司は部下の失敗する「権利」を奪ってはならない。部下が転んで膝をすりむいてしまわぬようにと、先回りをして部下を守りすぎてはならない。それは部下の「権利」を奪うことになるからだ。

子供は野山を駆け回り、転び、膝をすりむく中で多くの学習をする。その体験を何一つしたことのない子供は危険だ。転んだ時の痛み、恐怖を知らない。それを回避する術を知らない。だから、いきなり骨折をしてしまうリスクが高いのだ。仕事においても同じことが言えるだろう。上司は部下に膝をすりむく経験を積ませてあげなければならない。つまりは、ムリを承知で任せる。そこから始めなくてはならないのだ。

僕がコンサルタントになりたての頃。幾度も頭の中が真っ白になるような失敗をした。

「失敗体験」の必要性認識ワーク

人は失敗を通じて学ぶもの。ではあなたは部下に失敗をさせているでしょうか？　実際にあなたがプレイヤー時代、上司から経験させてもらった失敗を振り返りながら、部下にさせてあげたい失敗を抽出してみましょう。

「失敗した体験」を振り返る

Question 1　あなたがプレイヤー時代に上司から任されて失敗した体験は何でしょうか？

Question 2　同じ失敗を犯さないためにあなたが行った試行錯誤にはどのようなものがあったでしょうか？

Question 3　あなたが失敗を通じて学んだこと、手に入れた経験や知識、技術は何でしょうか？

「任せられていない仕事」を振り返る

Question　部下の成長のためにあなたが経験させたいと思う失敗およびそこで手に入れてほしい経験、知識、技術とは何ですか？　またその仕事を任せることの経営上のリスクの高低を推測して記載して下さい。

名前	経験させてあげたいと思う失敗	失敗を通じて手に入れてほしい経験・知識・技術	リスク
さん	の失敗	の 経験 知識 技術	高 中 低
さん	の失敗	の 経験 知識 技術	高 中 低
さん	の失敗	の 経験 知識 技術	高 中 低
さん	の失敗	の 経験 知識 技術	高 中 低
さん	の失敗	の 経験 知識 技術	高 中 低
さん	の失敗	の 経験 知識 技術	高 中 低

研修の進行がうまくいかなかった時。プロジェクトに反対する抵抗勢力からサボタージュの宣言を受けた時。僕の分析や提案に対して鋭く反論された時。その度に新米コンサルタントの僕はうろたえた。そして、会議に同席し見守ってくれている上司の方に助けを求めたものだ。

しかし、上司は決して僕と目を合わさない。僕のSOSをわかっていながら無視したのだ。「ひどい上司だ……」。僕は上司をうらんだ。仕方がない。ならば一人で闘うしかない。僕は死に物狂いで窮地挽回に努めた。

やがて僕は上司を頼ることはできないと悟り、一人で責任を取ることを覚えた。その経験が僕を育てた。僕は誰よりも速いスピードで一人前のコンサルタントになることができたのだ。

今になればわかる。あの時の上司は僕の失敗する「権利」を尊重してくれたのだ、と。あの場面で上司が僕を助け出すのは簡単だ。しかし、それでは僕の経験にならない。僕から貴重な膝をすりむく機会を奪うことになるのだ。だから上司はガマンした。僕に経験をさせてくれたのだ。だから、僕はそれと同じことを部下にしてあげようと思う。部下の失敗する「権利」を尊重しなくてはならないのだ。

ただし、ものには加減というものがある。膝をすりむく機会ならばいいが、命にかかわるケガはさせてはならない。その時には上司が事前にブレーキを踏まなければならない。運転免許の路上講習。仮免許のドライバーが公道を走る際、隣に座る試験官の足元には緊急ブレーキがついている。何かある時は試験官がブレーキを踏む。それと同じことだ。ただし、試験官はギリギリまでブレーキをガマンする。頻繁に踏んでしまってはドライバーの学習を阻害するからだ。事故が起きる手前までじっと見守る。そんな気持ちが必要だろう。部下が失敗する「権利」を守る。そんな視点をぜひ持っておいていただきたい。

04

既に「課長の仕事」をしている人を後から課長にする

■ 課長になってからやります、という人はなってもやらない

これまで講演や研修で10万人以上の管理職や管理職候補たちと向き合ってきた。彼らは皆一様にリーダーシップの問題を抱えている。

その中で意外なくらいに多い課題が、

「役職がないから遠慮してしまうんです……」というものだ。

「小倉さん、僕はまだ課長になる前の主任です。その僕が課長のようにリーダーシップを発揮することはできません。いや、やってはいけないと思っています。それは職権を逸脱しているからです」

なるほど。言葉だけを聞くと正しく聞こえる。しかし、どうも腑に落ちない。彼の言葉の裏側に、言葉とは裏腹な責任逃れのようなものが見え隠れするからだ。

僕の経験からはっきり言おう。この手のタイプの人は課長になっても課長の仕事をきちんとやらない。そもそも世に存在する仕事の多くは職務記述書の範囲を超えているものだ。

それに目くじらを立て杓子定規に主張する人が、自己犠牲や献身を求められるリーダーの職を全うできるはずがないのだ。「金がないから何もできないという人間は、金があっても何もできない人間である」、阪急東宝グループ（現・阪急阪神東宝グループ）の創業者・小林一三氏の言葉である。「課長の肩書がないから何もできないという人間は、課長になっても何もできない人間である」。そういうことだ。

そんな時、僕はかつてお世話になっていたリクルートという会社の例を話す。

リクルートのリーダーたちは、課長になってから課長の仕事をするのではない。それでは遅すぎるのだ。そうではなく、課長になる前からグイグイとみんなを引っ張り、リーダーシップを発揮している者を課長にするのだ。

「既に『課長の仕事』をしている人を後から課長にする」

これが健全な組織のあり方だと僕は思う。そもそもリーダーシップとは肩書や権限に頼らずに属人的な影響力や信頼関係で人を動かす力を指す。公式な権限や予算で人を動かすのはマネジメントという行いだ。

部下に「ムリして任せる」時は、マネジメントを求めてはいけない。肩書に関係なく発揮できるリーダーシップを求めるのだ。

■ 肩書なしでインフォーマルに要望する

「小倉さん、そうは言っても肩書なしで課長の仕事を任せるわけにはいきません。具体的にどうすればいいのですか？」。多くのリーダーはこんな質問を僕に投げかけてくる。答えは簡単。インフォーマルに任せればいい。

インフォーマルとは「非公式」という意味だ。つまりは「非公式」にできる範囲で任せていけばいい。例えば「公式な」権限としては、決裁の印鑑を持たせることはできない相手に「稟議決裁の経験」をしてもらいたい、という場面を想定してみよう。その場合、捺印を彼に任せることはできないが、直前までの「決断」を求めることは可能だろう。

僕のクライアントに器の大きな経営者がいる。彼は30歳になったばかりの若手執行役員

インフォーマルな役割割り当てワーク

人は役割を与えられることで育つもの。しかし、公式な職位を与えるのを待っていてはいつまでたっても人は育ちません。非公式な役割を与えるのです。ではどんな役割があるのか？　誰に任せればいいのか？　実際にやってみましょう。

インフォーマル(非公式)な役割の例

	概容
係と委員	新入社員や若手の自発性を育てるために小さくても責任ある立場を経験させることが有効。朝礼委員、実績管理委員、資料管理委員など
社内教育講師	教えることを通じて主体性や責任感を育てる。同時にそれぞれの得意分野のノウハウを体系化し共有する風土と仕組みをつくりあげる。業務ノウハウ以外にPCノウハウなども有効
メンター、メンティー制度	メンターとは優れた助言者、指導者、恩師のこと。メンティーとはメンターに相談する人。先輩と後輩でペアを組み定期的に助言をもらう制度をつくり運用する
会議進行役、書記役	会議の種類により、若手を進行役、書記役などに抜擢し責任を持たせる。すべてを上司が取り仕切ったままでは部下の主体性は育たない
プロジェクトメンバー、リーダー	業務プロセスの改善や新規事業開発、新商品開発、制度設計などをプロジェクトで対応し、そのリーダー、メンバーに抜擢する。プロジェクト活動を通じて人材を育成していく
ナンバー2	どんなに小さな組織であってもナンバー2を任命する。公式な肩書は不要。インフォーマルにリーダー代理を任命し、役割を要望していくことで次世代リーダーを育てる

インフォーマルな役割を割り当てる

Question　部下の成長のためにあなたが割り当てたいと思うインフォーマルな役割および具体的なタスク内容は何ですか？ 上記一覧（インフォーマルな役割の例）を参考にしながら割り当ててみましょう。

名前	割り当てたい役割	具体的なタスク内容
さん		
さん		
さん		
さん		
さん		

を育てるために、彼の出す決裁書類をよく見ずに判を押す、と言うのだ。

「おまえがやりたいならばオレはそれを信頼する。その代わりいい加減な稟議をあげるなよ」

そう言って彼に実質的な稟議決裁を任せている。社長の疑似体験をさせているのだ。

僕はかつてリクルートにお世話になっていた頃、課長でもないのにチームメンバーの一次人事考課を任されたことがある。課長は言った。

「オレは現場の細かいところまではよくわからん。小倉の方がよく見えているだろう。だからおまえの考課をそのまま一次考課にするよ。シートを記入したら詳しくその理由を教えてくれ」

僕は管理職の仕事の中で一番大切な人事考課を疑似体験することができたのだ。

僕が在籍していた古き良き時代のリクルートには不思議な役割や呼称がたくさん存在した。01（ゼロワン）などはその最たる例だろう。

社員コード番号の頭に01がつく人が、その部署のリーダー格。つまりは次期課長候補だったことからその呼称が生まれたと聞くが、真偽のほどはわからない。

僕たち社員は当たり前のように01が誰であるかを知っていた。例えば新宿支社営業2課の課長は山田さん、01は須藤さん、というふうに。しかし、課長はフォーマルな職位であったが、01はインフォーマルな役割だった。つまりは、01には何一つ権限もなければ、役職手当もない。しかし、皆から現場リーダーとして認められ、多くの責任を負わされていた、いや自ら進んで負っていたのだ。

業績数値のとりまとめ、後輩の人材育成、あらゆる場面での現場の取りまとめ。プレイヤーとして最高レベルに高い目標を持ちながら、課長の仕事をほぼすべてやっていたのだ。

責任だけ重く、それに見合った報酬はないインフォーマルな役割である01。しかし、彼らはその責任に誇りを持ち、誰一人としてやらされ感を持つことなく職務を全うしていた。そうして現場でリーダーシップ発揮を実践し、「既に課長の仕事をしている」彼ら01を会社は「後付けで課長にした」のだ。

人はごく自然に成長するのではない。任されて育つ、のだ。僕たち管理者はその環境を「意図的に」つくらなくてはならない。インフォーマルな役割をつくり出し、「任されて育つ」環境をつくり上げなければならないのだ。

CHAPTER 2

任せる仕事を見極める

01 「作業」ではなく、「責任」を任せる

■ 上司が「責任」を負ったままでは任せたことにならない

　早朝8時。週1回、定例の役員会議が始まる30分前に出社してみると、営業担当の丸山役員（仮名）が必死になって会議の資料をプリント製本していた。僕は言った。

「おいおい。それは役員さんの仕事じゃあないだろう。丸山さんには本来やってほしい他の仕事がたくさんあるんだ。部下にできることは部下に任せてくれないと困るな」

　すると、

「資料の印刷が役員の仕事でないことはわかっています。でも印刷や製本は任せられても、数字の最終チェックや抜け漏れ確認は企画担当の佐藤さん（仮名）には任せられない

んです。彼に任せるとミスだらけで結局僕がやり直すはめになる」。そんな反応が返ってきた。

周囲を見渡すと早朝だけあって営業部は丸山役員以外誰も出社してきていない。僕はおかしいな、と思った。

「丸山さん。もしかして佐藤さんに『作業』を任せているんじゃないのかい？　だからミスが起きる。そうではなく『責任』を任せなくてはいけないよ。もし佐藤さんが正確な資料を完成させるという『責任』を負っているとしたら、今この場に佐藤さんが出社していなくてはならないはずだ。彼がここにいずに、丸山さんが資料を修正し印刷しているということは、すなわち、彼は部分的な『作業』しかしていないことになる。佐藤さんは『責任』を負っていないことになるんだよ」。はい……。確かにその通りですね。丸山役員は言った。

管理職が部下に仕事を任せる時にやりがちな間違いは、「責任」を負わせずに「作業」だけを任せる、ということだ。それは、本当の意味で仕事を任せていることにはならない。「責任」は上司が負ったまま、指示された一部の「作業」だけを部下に任せていることになるのだ。これでは部下は成長しない。そのことに上司自身が気づいていないのだ。

人は「責任」を負い、「責任」を果たすことで成長する。果たしていった「責任」の大きさに比例して成長するのだ。任せるとは、「作業」ではなく「責任」を与えることにほかならないのだ。

■ 定例反復的な仕事は100％部下に任せる

先にあげた週1回の会議資料など、上司が抱える定例反復的な仕事はすべて部下に任せるべき、と考えた方がいいだろう。もちろん「作業」ではなく「責任」を任せるのだ。先の例で言えば、面倒かもしれないが、上司が自分で数字を修正してはならない。それでは任せたことにならない。あくまでも担当者に直させる。そしてこう伝えるのだ。

「いいかい。僕が間違いを3カ所見つけたよ。これは本来佐藤さんが見つけなくてはならないものなんだぞ。僕が間違いを見つけたらあなたは『恥ずかしい……』と思わなくてはならない。だって、この資料を完璧に仕上げるのは佐藤さんの『責任』なんだからね。さあ、もう一度自分の目でチェックした上で完璧な資料をあげてくれ。待っているからね」。

面倒なようでもこう伝えるべきなのだ。間違っても自分自身の手で修正し、こっそりそのまま黙っていてはいけない。佐藤さんに「完成」を要望するのだ。「責任」抜きに「作業」だけをさせても成長することはないのだから。

それでも、部下は一度でできるようにはならないだろう。何度も同じ失敗を繰り返すに違いない。それでいい。それが当たり前なのだ。そこであきらめて自分でやってしまわずに、辛抱強く部下に任せ、責任を負わせ続けるのだ。それが部下育成というものだ。

そう考えれば、定例反復的な仕事は、すべて部下に任せるくらいでちょうどいい、ということがわかる。そうでなくては、とてもじゃないがもっとレベルの高い仕事を部下に任せることなど一生涯できないことだろう。

あなたが持っている定例反復的な仕事は何だろうか？　まずはそれを洗い出し、すべてを部下に任せることから始めてみてはどうだろうか。

■能力開発、姿勢開発に必要な仕事を任せる

任せる仕事を見極める際に、部下にとって「できるかできないか」という基準の中から、「定例反復的な仕事」をリストアップしてきた。しかし、本来任せるべき仕事はそれだけではない。

「できるできない」にかかわらず、部下の能力・姿勢開発のためには何が何でも経験させ

なければならない仕事を任せる、という視点もぜひ持っていただきたいものだ。

私が社長を務めていたコンサルティング会社の商品は顧客・管理職の「リーダーシップ開発」を行う研修やコンサルティングだ。組織づくりにおいて、管理職のリーダーシップは欠かすことができないくらい重要だ。それを顧客経営者に語りかけ、研修やコンサルティングの導入をお勧めするのだ。

ところが、それを語っている本人自身にリーダーシップを発揮した経験がなかったとしたらどうだろう？　提案を受ける顧客にとってみれば、まったくもって説得力がない提案に聞こえることだろう。

だから、僕はプランナー、コンサルタントの全員に何かしらの役割を負わせ、リーダーシップの発揮を経験させるようにしていた。例えば「朝礼リーダー」「営業数字とりまとめリーダー」「飲み会リーダー」。そして、それら一つひとつにおいて徹底して「責任」を果たすことを求めたのだ。

例えば飲み会リーダーのすべきことは、飲み会の店を決め割り勘代を徴収するだけではない。飲み会を通じて、日頃話さない人たちが積極的に交流するように促すのだ。仲の良い身内だけで固まらないように配慮する。ポツリと一人だけでいる社員がないように気を

作業ではなく責任を任せるワーク

リーダーは無意識のうちに責任を自ら背負ってしまうもの。しかし、部下自身に責任を負わせなくては部下が成長することはありません。きちんと部下に責任を任せるために一度しっかりと棚卸しをしましょう。

「任せている仕事」の責任度合い

Question　あなたが部下に任せている仕事で、部下はどれくらい責任を負っているでしょうか？

名前	任せている仕事	タスクの内容		責任を負う度合い			
さん			▶	すべて上司	ほぼ上司	ほぼ部下	すべて部下
さん			▶	すべて上司	ほぼ上司	ほぼ部下	すべて部下
さん			▶	すべて上司	ほぼ上司	ほぼ部下	すべて部下
さん			▶	すべて上司	ほぼ上司	ほぼ部下	すべて部下
さん			▶	すべて上司	ほぼ上司	ほぼ部下	すべて部下

能力開発、姿勢開発のために「任せたい仕事」

Question　あなたが部下の能力・姿勢開発をしたいと思う点は何ですか？　そのために任せたい仕事は何ですか？

名前	必要となる能力および姿勢		任せたい仕事	任せたいタスクの内容
さん	[能力] [姿勢]	▶		
さん	[能力] [姿勢]	▶		
さん	[能力] [姿勢]	▶		
さん	[能力] [姿勢]	▶		
さん	[能力] [姿勢]	▶		

配る。飲み会の席で会社の未来や夢を語れるような雰囲気にしていく。それを強制でなく自然に促す。そこまでの「責任」を求めるのだ。そうでなくてはリーダーシップ発揮の経験にならない。単なる割り勘係になってしまうことだろう。

できる、できない、だけで任せる仕事を決めてはならない。部下一人ひとりが経験すべき、身につけるべきことを明らかにし、それを割り振るのだ。もちろん、それは「作業」であってはならない。「責任」を伴う仕事を与え、自己成長を促すのだ。

02 こんな仕事をいきなり任せてはいけない

■ 未体験ゾーンの仕事を任せてはいけない

部下に仕事を任せる際に気をつけなければならないことがある。それは、部下自身が体験したことのない「未体験ゾーン」の仕事を任せてはならない、ということだ。「小倉さん。そんな仕事を任せるわけがないでしょう」。そうあなたは笑うかもしれない。しかし、自覚せずにこの間違いを犯す上司は多い。

僕が社長を務めていたコンサルティング会社でこんなことがあった。突然、社内報編集スタッフから僕宛にメールがきたのだ。「今週号の企画を立てました。内容ご確認の上、承認いただくようお願いします」。そして企画書が添付されていた。僕は驚いた。

これまでであれば、彼の上司にあたる部長が直接僕のデスクにやってきて背景や狙いを丁寧にプレゼンし、その上で僕の意見をその場で聞くスタイルでやってきたからだ。なぜ突然、部長ではなく現場スタッフが、しかもメール一本で承認を求めてきてしまうのか？僕にはわからなかった。僕はスタッフに返信をせず部長に電話した。どうなっているの？と。

部長の狙いは編集スタッフの育成だった。いつまでも稟議決裁を部長に任せるのではなく、自分で情熱を持ってプレゼンし企画を通す経験をしてほしい。そう思い、育成目的で彼に決裁を任せたのだという。まさに先にあげた「能力・姿勢開発のために必要となる仕事を任せる」そのものにあたる。ここまでは正しい。しかし、進め方が間違っている。

本来であれば、部長が僕の決裁を取る場面にスタッフを同席させ何度も体験させなければならなかったのだ。そして、次には部長が隣にいる状態でスタッフにプレゼンをさせる。その後に初めて一人で決裁を取りに行かせる。そんなステップが必要だったのだ。

そのスタッフにとって、社内報の編集、という仕事は十二分に経験しがいのある仕事と言えるだろう。しかし、「決裁を取る」という仕事は彼にとって「未体験ゾーン」だったに違いない。ここをはき違えてしまう管理職は多い。これでは失敗して当然。人が育つことはない、ということを管理職は自覚しておいた方がいい。

■「緊急でない重要事項」を任せてはいけない

同様にいきなり任せてはならない仕事の一つに、「緊急でない重要事項」がある。それは、締め切りが決まっていない急がない案件だけれども、未来のためにはとても重要な仕事のことだ。例えば「業務の標準化、マニュアル化」「仕事のプロセスの改善」「部下育成」「新規事業開発」「戦略立案」などなど。それをやることで未来が明るくなっていく「未来への投資」や「問題発生予防」の活動を「緊急でない重要事項」と呼ぶ。

これを一つずつ成し遂げていくと、そのチームは常勝チームへと近づいていく。個人レベルでこれを実践している人は幸せな人生を手に入れる。しかし、往々にして人はこの「緊急でない重要事項」を後回しにする。これよりもはるかに優先順位の低い「重要でない緊急事項」に忙殺されたままムダに人生を過ごしてしまうのだ。

我々上司は、この種の仕事を部下に任せきりにしてはならない。例えば新規事業開発の仕事を部下に任せきりにし、上司がそれを放置してはならない。それは部下の仕事ではない。上司の仕事なのだから。

「緊急でない重要事項」は組織に致命的な影響を及ぼす。しかも、その道筋は不確かで変化に富んでいる。部下からすれば「どこから手を着けていいかわからない……」「ついつい後回しにしたくなる」「怖い」案件だ。いわば「未体験ゾーン」の仕事の中でも、最上級に難易度が高い仕事。それが「緊急でない重要事項」なのだ。

だからこそ、これは上司自身が受け持って進めなければならない。部下を後学のために担当者としてつけるにせよ、実質上の責任者は上司がやるべきだ。部下には、経験したことのある仕事から順に任せていくのが順番というものだからだ。

上司が中心となって「緊急でない重要事項」を実現していく。その隣に補助的に部下を同席させ、一部の仕事を任せてみる。その繰り返しをし、「未体験ゾーン」ではないようにしてから初めて部下にチャレンジをさせるのだ。いきなり任せては失敗することが確実。それが「緊急でない重要事項」なのだから。

■「人を動かす仕事」をいきなり任せてはいけない

「緊急でない重要事項」と並んで「未体験ゾーン」の中でも最上級に難易度が高い仕事、それが「人を動かす仕事」だ。いくら業務そのものに習熟していても、自分でやるのと人

「任せてはいけない仕事」洗い出しワーク

部下の成長のために、ぜひ任せたい仕事があったとしても、3つの条件（未体験ゾーン、緊急でない重要事項、人を動かす仕事）に該当する場合はいきなり任せてはいけない。まずは任せたい仕事を洗い出し、次にチェックリストでふるいにかけましょう。

任せてはいけない仕事チェックリスト

部下に任せたいと思っている仕事のチェックリストです。以下の3つの項目に1つでもYESが付くならば、その仕事は任せてはいけません。任せる範囲を変える、任せる相手を変えるなどの対策を講じて下さい。

名前	任せたい仕事		未体験ゾーン	緊急でない重要事項	人を動かす仕事		対策
さん	・ ・ ・ ・ ・	▶	YES・NO	YES・NO	YES・NO	▶	・ ・ ・ ・ ・
さん	・ ・ ・ ・ ・	▶	YES・NO	YES・NO	YES・NO	▶	・ ・ ・ ・ ・
さん	・ ・ ・ ・ ・	▶	YES・NO	YES・NO	YES・NO	▶	・ ・ ・ ・ ・
さん	・ ・ ・ ・ ・	▶	YES・NO	YES・NO	YES・NO	▶	・ ・ ・ ・ ・
さん	・ ・ ・ ・ ・	▶	YES・NO	YES・NO	YES・NO	▶	・ ・ ・ ・ ・
さん	・ ・ ・ ・ ・	▶	YES・NO	YES・NO	YES・NO	▶	・ ・ ・ ・ ・
さん	・ ・ ・ ・ ・	▶	YES・NO	YES・NO	YES・NO	▶	・ ・ ・ ・ ・

を動かすのとでは大違い。それは慣れた仕事ではなく「未体験ゾーン」になる、ということを僕たち上司は知っておかなければならない。

例えば先にあげた若かりし頃の僕の例。僕はコンサルタントとしての業務の習熟度が極めて高いプレイヤーであった。しかし、自分でやるのではなく部下にやらせる、つまりは課長としては、まったくもって無力であった。なぜならば「人を動かす仕事」は「未体験ゾーン」の中でも最上級に難易度が高い仕事だからだ。

僕の上司がしておくべきは、僕に事前に準備運動をさせることであったのではなかろうか。例えば、先にあげた「飲み会」や「朝礼」などの「責任者」や「係」の仕事など。インフォーマルな仕事で「人を動かす」を体験させる、などが有効であったことだろう。

名選手必ずしも名監督ならず。部下がいくらトッププレイヤーであったとしてもすぐに「人を動かす」仕事を任せると失敗する確率が極めて高い。それを覚えておいた方がいいだろう。

03 こんな人にリーダーを任せてはいけない

■リーダーとマネジャーは似て非なるモノ

リーダーシップとは「組織を一定の方向へ導く影響力」のこと。つまりは、ビジョンという方向性を描き指し示し、それに向けて人を動かす力を指す。必要な行いは二つ。ビジョンの立案・提示と、部下の心を揺さぶり行動させること。この二つだ。

一方でマネジメントとは「仕組みやルールを用いて組織に秩序と効率をもたらす行い」を指す。こちらはリーダーシップと比べれば難易度が低い。仕組みやルールという、補助武器を用いるので、ある程度の汎用性が担保されているからだ。

ややこしいのはこの二つ。どちらか一つだけができればいい、というものでは

階層の管理職にこの両方が求められるのが現代の経営だ。だから難しい。

しい昨今、特に重要度が高まっているのはリーダーシップだ。またその発

度が高いのもこのリーダーシップ。そういった意味では、リーダーシップ

否かを基準にリーダーを選ぶ方が成功率が高まるだろう。

そこで、ここから先は、「リーダー」に的を絞って、適性のある人、ない人の行動特徴をいくつかあげてみたい。

■リーダー適性がないのはこんな人

もう一度言うが、リーダーシップとはビジョンという方向を描き指し示し、それに向けて人を動かす影響力のこと。この二つに不向きな人はリーダー適性が低いと言えよう。具体的には以下だ。

- 相手の感情や心に関心がなく、合理的な正解のみを追求している人
- 相手の利益よりも自分の利益ばかりを考えている人
- ものごとを短期的な損得勘定だけで判断してしまう人

- 相手に対して心を開かず何を考えているのかわからない人
- 過度に遠慮をしてしまい、相手に何かを要望することができない人
- 相手を喜ばせよう、というサービス精神に欠ける人
- 相手の気持ちを推し量る、場の空気を読むのが苦手な人
- 相手の気持ちを考えずに自分の言いたいことだけを長々としゃべり続ける人
- 人からどのように見られているかについて無頓着な人
- 過去と現在の視点から逃れられず未来の可能性を推測できない人
- 思いつきと好き嫌いだけでものごとを判断してしまう人
- 自分に対するハードルが低い人。すぐにハードルを下げてしまう人
- 相手に対するハードルが高い人。相手には求めるが自分ではやらない人
- 言行不一致が目に余る人
- 嘘をつく人。ごまかす人
- 人の陰口、悪口、不平、不満ばかりを言っている人
- 相手によってコロコロと方針を変える人。風見鶏
- イヤなことがあるとすぐに逃げる人。放り出してしまう人。ラクをする人

・過度に要領が良く、最低限の努力でそこそこの成果を成し遂げ満足してしまう人
・困っている人に気づきながらも知らん顔をしてしまう人

■リーダー適性があるのはこんな人

先にあげた特徴と逆になるが、リーダー適性があるのはこのような人たちだ。

・合理的な正解だけでなく相手の喜怒哀楽、感情を気にかける人
・自分の利益よりも、相手の利益をまず最初に考える癖のある人
・短期的な損得勘定よりは長期的な信頼関係を優先して判断する人
・相手に対して心を開き、恥ずかしがらずに自分をさらけ出せる人
・相手のためであるならば、言いにくいこともはっきりと相手に要望できる人
・相手を喜ばせよう、というサービス精神に富んだ人
・相手の気持ちを推し量る、場の空気を読むのが得意な人
・相手の気持ちを考えて自分の言いたいことをすべて話さずに選んで話す人
・人からどのように見られているかについて敏感な人

- 過去と現在の偏見に縛られずに未来の可能性を推測して判断する人
- 思いつきと好き嫌いを排除し、中立的にものごとを判断する人
- 自分に対するハードルが高い人。常に何か学ぶべきことはないかと、考えている人
- 相手に対するハードルが低い人。相手を許す器量の大きい人
- 言行一致している人
- 嘘をつかない人。ごまかさない人
- 人の陰口、悪口、不平、不満を言わない人
- 相手によって態度を変えない一貫性のある人
- イヤなことから逃げずに立ち向かう人
- 相手が期待する以上の水準を出そうと努力を惜しまない人
- 困っている人に気づいたらすぐに助け手伝う人

どうだろうか？　あなたのそばにリーダー候補となる人はいただろうか？

	リーダー候補者					
	さん	さん	さん	さん	さん	さん
	1・2・3・4・5	1・2・3・4・5	1・2・3・4・5	1・2・3・4・5	1・2・3・4・5	1・2・3・4・5
	1・2・3・4・5	1・2・3・4・5	1・2・3・4・5	1・2・3・4・5	1・2・3・4・5	1・2・3・4・5
	1・2・3・4・5	1・2・3・4・5	1・2・3・4・5	1・2・3・4・5	1・2・3・4・5	1・2・3・4・5
	1・2・3・4・5	1・2・3・4・5	1・2・3・4・5	1・2・3・4・5	1・2・3・4・5	1・2・3・4・5
	1・2・3・4・5	1・2・3・4・5	1・2・3・4・5	1・2・3・4・5	1・2・3・4・5	1・2・3・4・5
	1・2・3・4・5	1・2・3・4・5	1・2・3・4・5	1・2・3・4・5	1・2・3・4・5	1・2・3・4・5
	1・2・3・4・5	1・2・3・4・5	1・2・3・4・5	1・2・3・4・5	1・2・3・4・5	1・2・3・4・5
	1・2・3・4・5	1・2・3・4・5	1・2・3・4・5	1・2・3・4・5	1・2・3・4・5	1・2・3・4・5
	1・2・3・4・5	1・2・3・4・5	1・2・3・4・5	1・2・3・4・5	1・2・3・4・5	1・2・3・4・5
	1・2・3・4・5	1・2・3・4・5	1・2・3・4・5	1・2・3・4・5	1・2・3・4・5	1・2・3・4・5
	1・2・3・4・5	1・2・3・4・5	1・2・3・4・5	1・2・3・4・5	1・2・3・4・5	1・2・3・4・5
	1・2・3・4・5	1・2・3・4・5	1・2・3・4・5	1・2・3・4・5	1・2・3・4・5	1・2・3・4・5
	1・2・3・4・5	1・2・3・4・5	1・2・3・4・5	1・2・3・4・5	1・2・3・4・5	1・2・3・4・5
	1・2・3・4・5	1・2・3・4・5	1・2・3・4・5	1・2・3・4・5	1・2・3・4・5	1・2・3・4・5
	1・2・3・4・5	1・2・3・4・5	1・2・3・4・5	1・2・3・4・5	1・2・3・4・5	1・2・3・4・5
	1・2・3・4・5	1・2・3・4・5	1・2・3・4・5	1・2・3・4・5	1・2・3・4・5	1・2・3・4・5
	1・2・3・4・5	1・2・3・4・5	1・2・3・4・5	1・2・3・4・5	1・2・3・4・5	1・2・3・4・5
	点	点	点	点	点	点

リーダー候補者アセスメント・ワーク

事を任せる際にカギとなるのがリーダーの選任です。これを間違うと組織の双方に大きな傷跡が残ります。以下のアセスメント・シートりあらかじめ適性を把握しておいて下さい。

リーダー候補者アセスメント・シート

リーダー候補者の欄にあなたの部下の名前を記入し、アセスメント項目にそって採点。合計点を集計します。合計点数を参考にリーダーの選任を行って下さい。

	アセスメント項目
1	合理的な正解よりも相手の喜怒哀楽、感情を気にかける
2	自分の利益よりも、相手の利益をまず最初に考える癖がある
3	短期的な損得勘定よりは長期的な信頼関係を優先して判断する
4	相手に対して心を開き、恥ずかしがらずに自分をさらけ出せる
5	相手のためであるならば、言いにくいこともはっきりと相手に要望できる
6	相手を喜ばせよう、というサービス精神に富んでいる
7	相手の気持ちを推し量る、場の空気を読むのが得意
8	相手の気持ちを考えて自分の言いたいことをすべて話さずに選んで話す
9	人からどのように見られているかについて敏感
10	過去と現在の偏見に縛られずに未来の可能性を推測して判断する
11	思いっきと好き嫌いを排除し、中立的にものごとを判断する
12	自分に対するハードルが高い。常に何か学ぶべきことはないか、と考えている
13	相手に対するハードルが低い。相手を許す器量が大きい
14	言行一致している
15	嘘をつかない。ごまかさない
16	人の陰口、悪口、不平、不満を言わない
17	相手によって態度を変えない一貫性がある
18	イヤなことから逃げずに立ち向かう
19	相手が期待する以上の水準を出そうと努力を惜しまない
20	困っている人に気づいたらすぐに助け手伝う
	合計

ることは「放ったらかし」にすることではない

■「放ったらかし」と「任せる」を勘違いしている上司たち

十年ほど前のことだ。先週末に提出される予定だった来期の営業戦略はどうなっているのだろう？　僕は思い立って営業担当役員の丸山さんに聞いてみた。すると、

「あれ？　まだ提出されていませんか？　橋本さん（仮名）には、先週中に小倉さんに提出するように言っておいたんだけどなぁ」。そう言われて絶句した。

念のために言っておくが僕があきれたのは橋本さんに対してではない。上司の丸山役員にあきれたのだ。丸山役員は営業部にとって最も大切な営業戦略立案を一スタッフである橋本さんに丸投げし、自分は責任を放棄してしまっているのだ。驚いて当然だろう。

この驚くべき無責任さ。しかし、これが任せることだと勘違いしている管理職は多い。任せることと放ったらかしにすることを同じことだと勘違いしているのだ。

任せることは、自分でやる以上に大変なことだ。なぜならば、部下に任せた業務の進具合をじっと観察し続けて、その上で口出しや手出しをガマンする。非常にストレスがかかるやり方が「任せる」、ということだからだ。ところが、多くの管理職はそれをしない。そして無責任に放ったらかす。できなければ部下のせい、そんな管理職が多いのだ。

任せることは放ったらかしとは違う。「任せる」とは、もっと、切なく忙しくガマンのいる行為なのだ。

■ 舞台の袖から子供のピアノの発表会を見守る母のように

部下に仕事を任せた上司はこんな心境であってほしいものだ。それは「舞台の袖から子供のピアノの発表会を見守る母」の心境だ。

あなたが、小学1年生の娘を持つ母親だとしよう。今日は娘の大切なピアノの発表会だ。客席には多くの観客が詰めかけてきている。

あなたは、これまで娘の練習にずっと付き合ってきた。もう課題曲などソラで暗記しているくらいだ。そして、娘がいつも間違う場所、クライマックスで盛り上げる場所、すべてわかっている。

さあ。娘の番がやってきた。あなたの娘は緊張でガチガチだ。しかし、あなたは娘以上に心臓がドキドキと高鳴っている。あなたは舞台の袖、カーテンの陰に隠れてじっと娘の演奏を見つめている。出だしが肝心だ。力強く弾けるだろうか？　よし！　大丈夫。うん。いい始まりだ。

次、このパッセージ。いつも娘はここで間違う。ハラハラドキドキ……。大丈夫かな……。頑張れ！　よし！　うまくいった！　大丈夫。これならいける！

この心境こそが上司の「任せる」という姿なのだ。つまり、隅々まで目を光らせ、ずっと見ている。しかし、決して手は出さない。口も出さない。

部下を信じて、部下に任せて、ハラハラドキドキとずっと見守る。これが部下を育てる任せ方だ。一方で、指示を出し、結果に興味も持たず、プロセスも見守らない。そんな上司は部下に任せていることにはならない。それはただの放ったらかしだ。勘違いをしてはならない。

■上級編の「任せる」、初級編の「任せる」

今にして思えば、丸山さんは任せる、の比喩をプロ・スポーツの世界になぞらえてしまい、任せ方を間違ったのではないかと僕は推測している。

権限委譲には大きく分けて二つある。一つはプロフェッショナル・コース。もう一つはビギナー・コースだ。プロフェッショナル・コースはサッカーチームの監督を思い浮かべてもらえればいい。つまりはチーム編成や戦略、育成など、すべてを監督に一任する。しかし、ひとたび結果が出なければ、シーズン途中であろうが何のためらいもなく更迭、つまりはクビにする。情け容赦ない厳しい世界である。つまり大きな自由を与え、コインの裏表として、厳しい自己責任を課すという方法である。

もう一つのビギナー・コースはこの逆だ。つまりは権限委譲すれどもすべてを彼に任せはしないのだ。案をつくらせるだけで決定権はこちらで握ったままにする。定例報告をさせ細かくチェックし、必要であれば何度も遠慮なく修正をやらせる。それを繰り返すのだ。案の作成や部下、他部署への展開などの矢面に立つ役割は彼に任せる。つまり僕たちリーダーは陰番長として君臨する。そして案の作成と外部への展開調整という苦しい役ど

プロフェッショナル・コースの任せ方とビギナー・コースの任せ方

部下に仕事を任せる際には2つのコースがあります。いきなりプロ・スポーツの監督に対するような任せ方をしても部下を潰すだけ。ビギナー・コースの任せ方で人材育成を行い、徐々に支援を減らすのが得策でしょう。

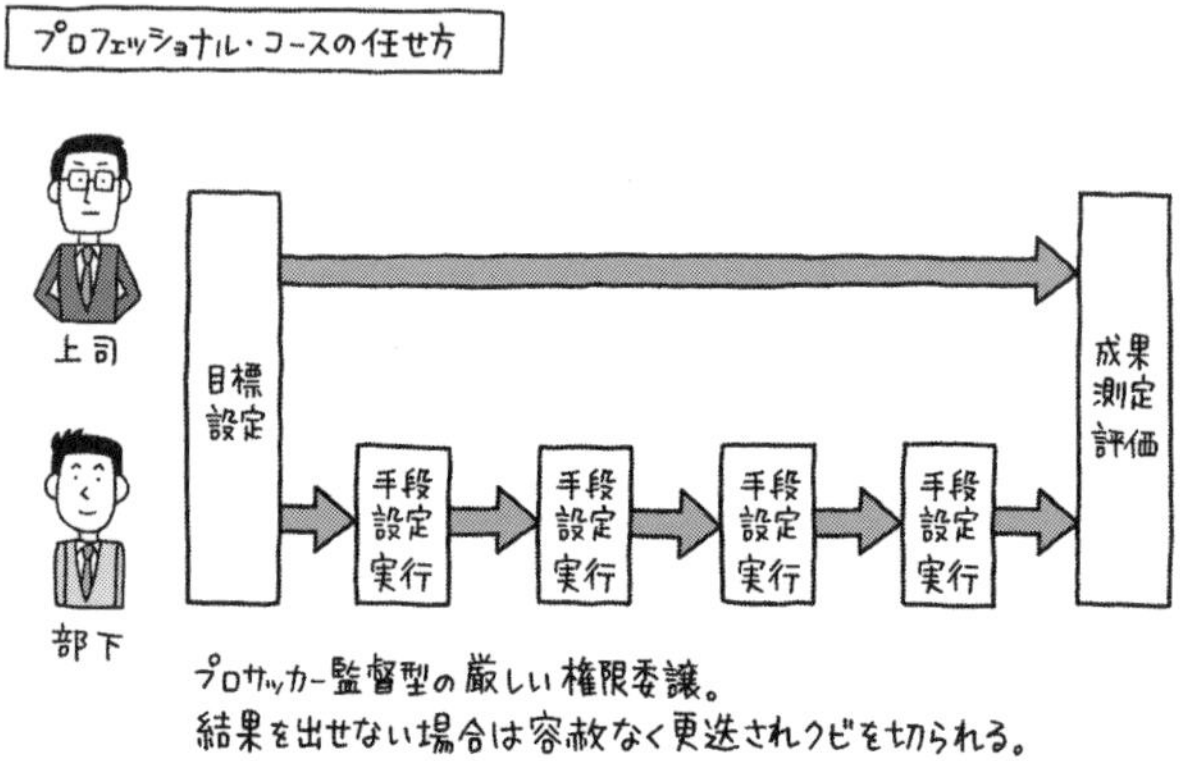

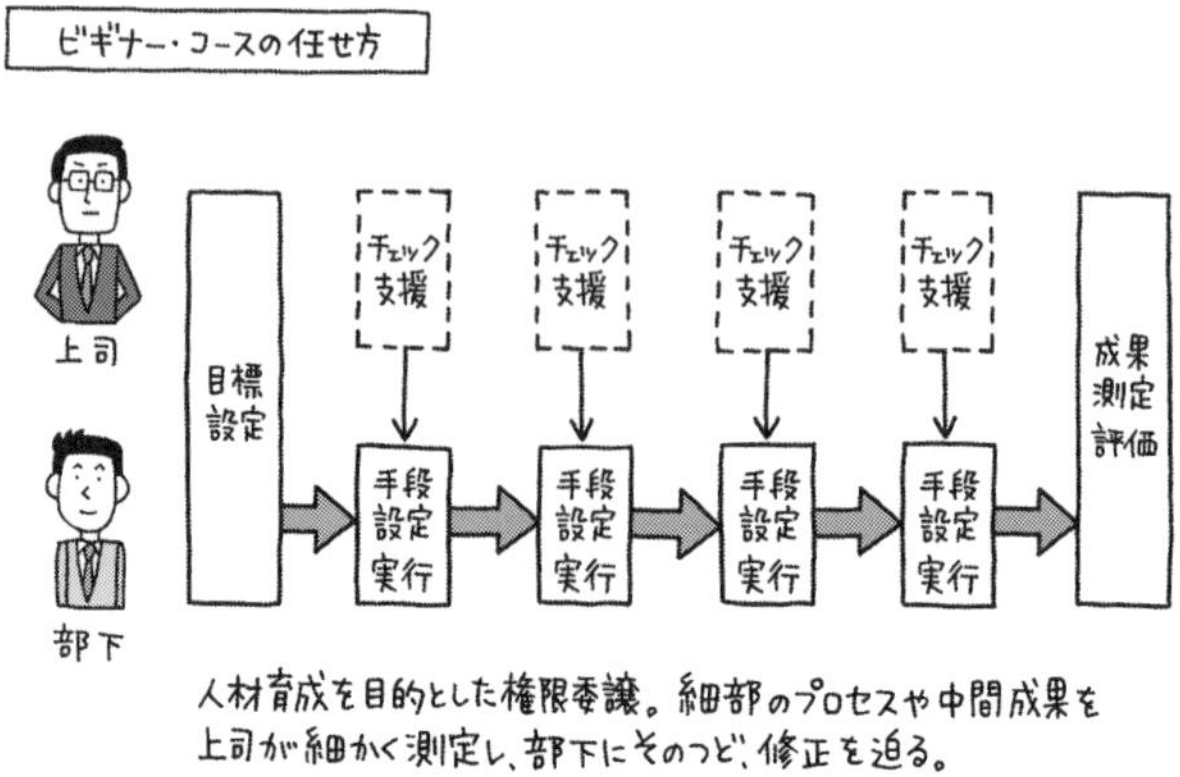

ころを育成目的で彼にやらせるのだ。

僕はこの育成型権限委譲をビギナー・コースと呼び、プロフェッショナル・コースと厳密に区別している。

メンバーを育てる際にはビギナー・コースから始めよう。いきなりプロフェッショナル・コースへ踏み込んではいけない。人材育成が目的なのに部下を更迭するはめになってしまう。それでは、部下にトラウマが残り、チャレンジ精神を失ってしまうことだろう。

ビジネスの世界で「任せる」を考える時は、プロスポーツの世界をイメージしてはいけない。そこと比較してはいけないのだ。

CHAPTER 3

任せる。と伝える

01 手を貸さずにジャンプさせる

■ **説得されて任された部下は上司のせいにする**

部下に仕事を任せる時、絶対にやってはならないのが、嫌がる部下を「説得」することだ。「おまえはリーダーに適任だ。ぜひリーダーをやってくれ。頼む」「本当はやりたくないんですけれど……。どうしても、と言うのなら、仕方ないので引き受けます……」

こんなやりとりの末に部下にリーダー職を引き受けてもらったとしたら、それはあらかじめ失敗を確定させたようなもの。次から次へと問題が起きることだろう。

新たに任された仕事により困難に立ち向かうあなたの部下。必ずや彼は強いプレッシャーとストレスに悩まされるはず。あるべき理想のリーダー像と現在の自分とのギャップ。

そこに強い違和感＝認知的不協和を感じた部下は、それを解消するために二つの行動のどちらかを選ぶのだ。

一つ目は努力して自分を変えることにより困難を乗り越える方法。これが「自分に矢印を向ける」解決方法だ。この方法を選んだ部下は成長する。あなたが思い描いた通り、仕事を任せることにより成長する。しかし、もう一方を選んだ部下はその逆の道をたどることになる。それが「上司に矢印を向ける」解消方法だ。

「こんなにつらい目に遭うのは上司のせいだ。上司が無理やり自分に無理難題を押しつけるからできないのだ。加害者は上司、自分は被害者だ。自分のせいじゃない」。このようにできない原因をすべて上司に押しつけてラクになろうとする。自己正当化を行うのだ。

「上司に矢印を向ける」方法を選んだ部下は成長できない。当然ながら任せた仕事は失敗するだろう。さらには、任せたがゆえに、あなたと部下との間には溝ができてしまう。

「こんなことならば任せなければよかった……」。しかし、覆水盆に返らず。

部下を説得して任せる。絶対にやってはならない方法だ。

■溝を跳び越えてジャンプして来い！

では、部下を説得せずにどのようにして仕事を任せればいいのだろうか？

答えは、部下に自分で選ばせること。仕事を任せるかどうかを、任される側の本人の意思で決めさせるのだ。

そのためには、仕事を任せることのマイナス面を包み隠さず話すことが必要だ。任せる以上は、部下に対して厳しく結果を求めていくこと。上司である自分の支援には限界があること。スケジュール的な厳しさや、プレッシャーの大きさなど。あらかじめマイナス情報をすべてきちんと開示することで、地面にぽっかりと空いた溝の深さを知らせておくのである。

その上で、部下が自分で決断するのを待つ。大きく深い溝を自分でジャンプするかどうかを決めさせるのだ。つまりは、リスクを覚悟で自己決定をさせる。それが重要だ。

もちろん、伝えるべきはマイナス情報に限る必要はない。その仕事を通じて身につけられるスキルや経験、成し遂げたことによる達成感や、やりがい。さらには、上司としてのあなたからの期待もきちんと伝えたい。ただし、行きすぎて「説得」にならぬよう、あくまでも「期待」でとどめることが重要だ。そして最後にこう伝えるのである。

「どちらを選ぶかは君次第。ぜひ自分自身で決めてくれ」と。

自分で決めたことについては誰にも文句は言えないはず。つまり「上司に矢印を向ける」ことができなくなり、高いモチベーションが発生する。結果として成功する確率はグンと上がることだろう。嫌がる部下を「説得」して任せた場合と雲泥の差が生じるのだ。

だからこそ、自分で決めさせなくてはならない。

自分でジャンプさせることが重要なのだ。

■ 上司は常に選択肢を用意する

「どちらを選ぶかは君次第」

そう伝える以上、上司は部下から「断られる」という事態を計算に入れておかなければならない。つまり、もう一つの代替案を用意する必要がある。そうでなければ、余裕を持って「自分で決めてくれ」とは言えなくなる。結果として、無理やり部下を「説得」してしまうことになるからだ。では、お目当ての部下に任せることができなかった場合、他にはどのような選択肢があるのだろうか？

一つ目の選択肢は、他の部下にその仕事を任せる、という方法だ。

二つ目の選択肢は元に戻ってしばらくの間は自分自身でその仕事をする、という方法だ。

三つ目には、これを機にその仕事をなくしてしまう。仕事のリストラをする、という方法だ。ただし、三つ目は可能な場合と不可能な場合がある。そのため、原則としては一つ目と二つ目の方法をもとに代替案を用意することになるだろう。

その場合、当然ながら優先して考えるべきは一つ目の方法。すなわち他の部下に任せる、というものだ。おそらく、第一候補として考えている目先の任せたい部下に対して、他の候補は第二候補となることだろう。それはすなわち「より頼りない」相手に仕事を任せることになる、ということ。あなたは大きな不安を感じることだろう。

しかし、そこで後戻りをしてはいけない。二つ目の方法である「自分でやる」に戻らないよう勇気を振り絞って任せる相手を決めるのだ。その際には、上司からのサポートの割合を増やす、などの担保策が必要になってくるだろう。

そのような担保策を探り、できる限り可能性を高めた上で、第二候補を定めておくのだ。このようにして代替案を用意してから、余裕を持って第一候補に伝えるのだ。「受けるかどうか選んでくれ。決めるのは君だ」と。

「任せる」の間違った伝え方と正しい伝え方

部下が主体性を持って任されるのと、やらされ感いっぱいで任されるのとでは結果に雲泥の差が出てしまいます。「任せる」と伝える時には以下のステップを踏んで伝えましょう。最初が肝心です。

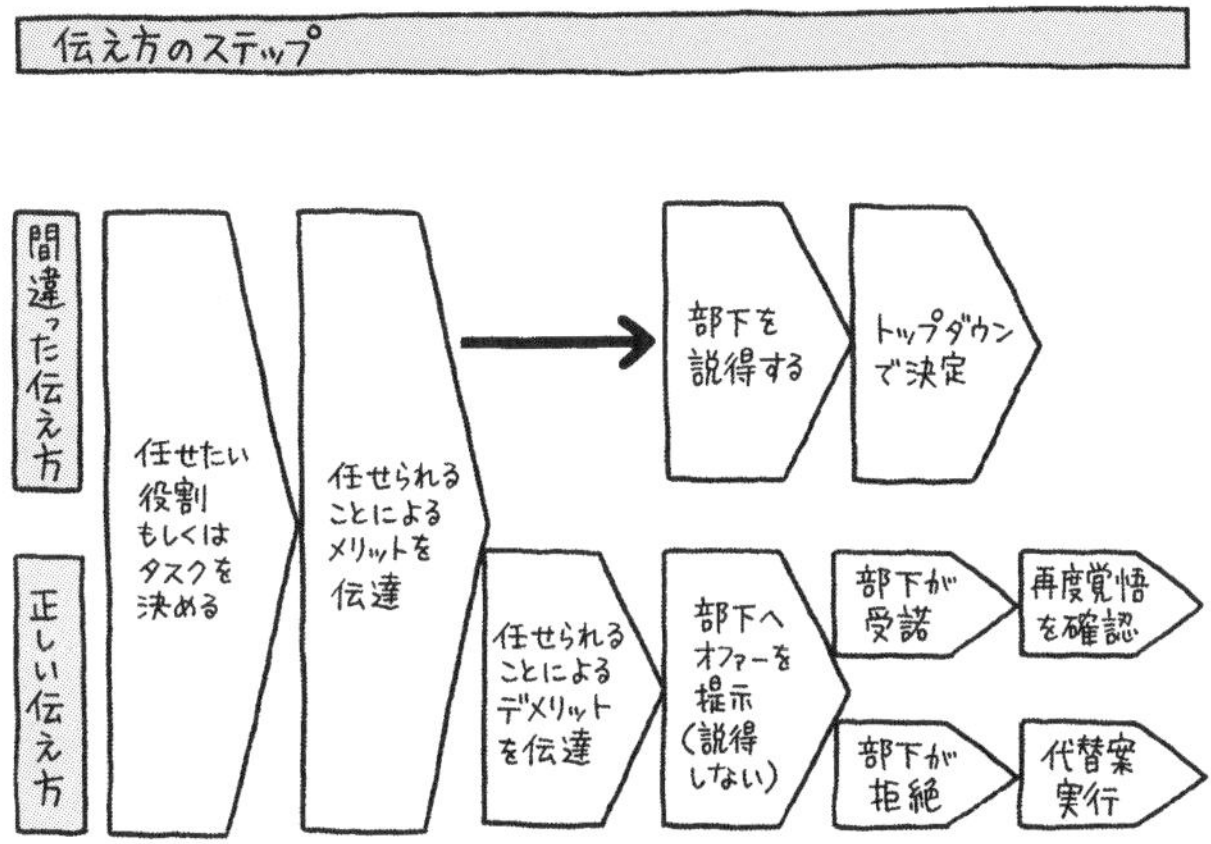

02 ビジョンを重ねる

■人生のビジョンがない部下には任せられない

仕事を任せる時には部下に自分からジャンプさせ選ばせる。僕は先にそうアドバイスをした。しかし、そうするためには絶対に必要なことがある。それは部下が自分なりの「判断基準」を持っていること。そして、その「判断基準」が長期的な「人生のビジョン」であることが必要だ。

部下の立場に立って考えてみよう。上司から仕事を任せたい、と申し出があった。どうやら今よりも仕事が増えそうだ。しかし、すぐに給料が上がるわけではない。目先の損得だけを考えれば、これは間違いなく「損」だ。

「給料が上がるわけじゃないし。だったら面倒だから断ろう」

このように考えるのが、ごく普通の判断というものだろう。

しかし、もし彼に将来の夢があったならどうだろう。例えば独立して社長になりたい。もしくは他社からスカウトが来るようなプロフェッショナルになりたい。そんな夢があったとしたら、きっと判断は変わるに違いない。

「将来独立するためには、この経験はプラスになる。自己成長のためにぜひやらせてもらいたい」。そのように答えが変わってくるだろう。

あなたの部下はどちらのタイプだろうか。目先の損得で判断するタイプか。人生のビジョンをかなえるために自己投資を厭《いと》わないタイプか。ビジョンは明確である必要はない。「自分を鍛えるために多くの経験を積む」のようなものでもかまわない。あるかないか、それが大切なのだ。

■ 部下と一緒にビジョンを描く

「こりゃダメだ。うちの部下のうち、将来のビジョンや夢を持っている人はいないや」

「うちの部下は目先の損得勘定ばかりをして困る。仕事を任せられる人はいないなぁ」、そう感じた方が大半ではなかろうか。

世の中には、明確な人生のビジョンを持ち仕事に取り組んでいる人は1割に満たないと思う。これまで10万人の管理職に研修や講演をしてきた僕の実感値では、1~2%がいいところだろう。つまり、あなたの部下は明確な人生のビジョンを持っていない、という前提で考えなければならないのだ。では、いったい上司は何をすればいいのだろうか？

答えは簡単。部下が自分の人生のビジョンを描くお手伝いをするのだ。人生のビジョンとは目先の目標数字のことではない。その先にあるゴール。どのような人間になりたいのか？　どのような人生を歩みたいのか？　それが人生のビジョンだ。それを描くのだ。

方法としては、部下と定期的に面談をすることが一番有効だろう。できれば週1回。ムリならば月に1回。質問はシンプルだ。「将来どうなりたい？」「どんな人になりたい？」。たかだか1~2回の面談で部下から答えは出てこない。漠然としたイメージが浮かべばいい方だろう。それでいい。繰り返し、繰り返しそれを問うことだ。そして、ぼんやりとでもそれが浮かんだとしたら、いよいよ第二ステップの質問に移ろう。

「そのビジョンを実現するために、今のあなたに足りないのは何だろう？」

すると、十中八九の高い確率で「今の仕事をさらに頑張ることです」という答えになる

人生のビジョンを描くワーク

部下が主体的に仕事を任されることを選び取る。そのためには部下の人生のビジョンが欠かせません。しかし、それを持っている人はごくわずか。上司が部下の人生のビジョンを描くお手伝いをすることが求められるのです。

人生のビジョン・ワークシート

部下一人ひとりの社会的な役割ごとに、ありたい自分の姿＝ビジョンを言葉にしていきます。その後、そうなるために必要な、するべきことを洗い出していきます。できるだけ具体的に習慣として書き出すことが実現のポイントです。

課　　チーム　　名前

役割	ビジョン（どのような姿でいたいか）		そのためには何をすべきか
①家族		▶	・ ・ ・ ・ ・
②会社		▶	・ ・ ・ ・ ・
③趣味友人		▶	・ ・ ・ ・ ・
④キャリア夢		▶	・ ・ ・ ・ ・
⑤お金資産		▶	・ ・ ・ ・ ・
⑥健康		▶	・ ・ ・ ・ ・
⑦学習自己研鑽		▶	・ ・ ・ ・ ・

はずだ。もしくは「今以上に難しい仕事にチャレンジすることです」となる。そうすればあなたはいよいよ総仕上げ。最後の質問をすることができる。「僕は君にこの仕事を任せたいんだ。どうする？　君が決めてくれるかな」

部下に仕事を任せるためには、部下の人生のビジョンが必要だ。それを共に描いてあげる。それもリーダーの大切な仕事の一つなのだ。

■ビジョンなし、なら今に集中

実際に部下と人生のビジョンについて面談するとわかることがある。それは、何度質問を繰り返してもビジョンが見つからない部下がたくさんいるということだ。これまで彼らは「ベキ論」に縛られて生きてきた。だから突然「どうしたい？」「どうなりたい？」と聞かれるとうろたえてしまうのだ。「やりたいことが見つからない」。そういう若者が増えているのだという。では、僕たちは彼らに対してどう接すればいいのだろうか？

これまで言ってきたことと矛盾するようだが、僕はその場合は、ムリしてビジョンを描かなくてもいいと思う。今、目の前にある仕事に120％集中するよう導いてあげればいいのではないか。

キャリア・ドリフト理論という考え方がある。キャリアはデザインするものではない。偶然に出会うものだ、という考え方だ。ただし、そのためには条件がある。今、目の前にある仕事に120%集中することだ。「自分に向いていないかもしれない……」などと言わずにその仕事に集中するのだ。その時に初めて偶然が、幸運が訪れる。

阪急東宝グループの創始者である小林一三氏の言葉に次のようなモノがある。

「もしも下足番を命じられたら、日本一の下足番になってみろ。さすれば、誰も君を下足番にはしておかぬ」

きっとそういうことなのだろう。だからこそ、ムリにキャリアを描かなくてもいい。その場合は、目の前の仕事を一所懸命つきつめて、偶然の訪れを待つ、という方針でもいいはずだ。その心得を持った部下には仕事を任せられる。「君が決めてくれるかな」。上司がそう問うた時には素直に「やってみます」と言ってくれるだろう。何しろ「日本一の下足番」を目指すのだから。

03 無理難題が言える関係をつくる

■ 任せることは、無理難題を言うこと

上司の仕事は矛盾に満ちている。そもそも組織とは矛盾のかたまりのようなもの。短期的業績を求めれば長期的な組織づくりや人材育成はおろそかになる。逆に長期を優先すれば短期の業績がおろそかになる。それと同様に、個人のモチベーションを大切にすれば全体の効果性や効率が低くなる。全体を優先すれば個人のモチベーションにマイナスの影響がある。そのような二律背反が無限に存在する。それが組織というものなのだ。

その矛盾を受け入れ、どちらか一つに偏らず目的を追求していくのがリーダーシップの働きだ。つまり、組織の矛盾を受け入れ解決していくことこそが管理職の役割なのだ。

その一部を部下に任せる、ということは、部下にも矛盾の解決を求めることになる。これは部下にとっては初めての経験であり大きなストレスとなる。つまり、部下にとって、上司の仕事を任されるということは、上司から無理難題を言われるに等しいのである。

ということは、上司が部下に仕事を任せる際には、無理難題を聞き入れてもらえる関係がなければならない。無理難題を言える部下でなければ上司は仕事を任せられないのだ。

■信頼関係ができていない部下に無理難題は言えない

もしも、上司と部下の間に十分な信頼関係ができていないままに、上司の仕事を部下に下ろしてしまったとしたら、部下は強いストレスとプレッシャーを感じ、「上司に矢印を向けてしまう」（89ページ参照）ことになるだろう。

[illegible]よ。時間がないけど明日までに仕上げてくれない？」

無理難題を頼まれた時に、部下は上司の依頼の正当性を疑ってしまうの

[illegible]なし、[illegible]をんな[illegible]頼んで明日の締め切りはひどすぎる。その他にやらなければならない仕事[illegible]のに。この上司は私の立場を何も考えていないのではないか？」

ように感じてしまうかもしれない。しかし、彼はそれを言葉にしない。ただおと「わかりました……」と、黙ってのみ込んでしまうのだ。

しかし、もしも逆に部下とあなたが強い信頼関係で結ばれていたとしたら、同じ言葉をかけられても部下はまったく違う受け取り方をすることだろう。

「あまり時間がないようだな。きっと、やむにやまれぬ事情があるのだろう。厳しいスケジュールだが頑張ってみよう。絶対にムリな仕事を上司が頼んでくるはずがない」

まったく同じ言葉を伝えたとしても、部下が持っているあなたへの信頼度によって、受け取り方はかくも変わってくるのである。

僕たちリーダーは、部下に仕事を任せる前に、十分に部下との信頼関係を築いておく必要がある。そうでなければ、任せることはうまくいかない。仕事を任せることがきっかけとなり、逆に組織が悪い方向へ進んでいってしまうからだ。

■信頼関係をつくるために

では、部下との信頼関係をつくるにはどうしたらいいのだろうか？　この問題を真剣に論じるとすればそれだけで十分に本が一冊書けるくらいの情報が必要だ。

しかし、それを大胆に捨象して、たった一言で表すならば、「部下を大切にすること」こそが信頼を築く方法だと言えるだろう。

あなた自身が部下一人ひとりの考え方や価値観、哲学を大切に思い、決めつけたり否定しないことだ。それができれば、部下との信頼関係は深まり、それと逆の行動を取れば部下との信頼関係は壊れていくだろう。

それは言葉にするのは簡単だが、実行するのは難しいもの。自分よりも経験やスキルで劣る（ように感じられる）部下の価値観や哲学を尊重するのは簡単なことではない。しかし、それ抜きに信頼関係を築くことは不可能だ。リスペクトが大切なのだ。

上司と部下が強い信頼で結ばれているとしたら。先にあげたような問題は起こらず、上司は安心して部下に仕事を任せられるようになるだろう。そして、任せた仕事の成功率が格段にアップするのだ。

この考え方を逆手に取れば、誰に仕事を任せればうまくいくかがよくわかるはずだ。そう、単に能力がある部下に任せるのではなく、価値観が理解でき、部下流を許容できそうな相手に任せる方がうまくいく。そう理解してもらえばいいだろう。

もちろん、一番いいのは、一人残らず部下全員と強い信頼関係で結ばれていること。し

	評価項目	部下				
		さん	さん	さん	さん	さん
1	彼（彼女）の家族や将来の夢、友人、趣味などを知っている	1・2・3・4・5	1・2・3・4・5	1・2・3・4・5	1・2・3・4・5	1・2・3・4・5
2	彼（彼女）が大切なもの（上記1）を大切にすることを尊重し認めている	1・2・3・4・5	1・2・3・4・5	1・2・3・4・5	1・2・3・4・5	1・2・3・4・5
3	彼（彼女）と交わしたささいな約束（食事など）を守っている	1・2・3・4・5	1・2・3・4・5	1・2・3・4・5	1・2・3・4・5	1・2・3・4・5
4	彼（彼女）が話しかけてきた時に時間を取って話を聞いている	1・2・3・4・5	1・2・3・4・5	1・2・3・4・5	1・2・3・4・5	1・2・3・4・5
5	1日1回はこちらから彼（彼女）に話しかけ会話をしている	1・2・3・4・5	1・2・3・4・5	1・2・3・4・5	1・2・3・4・5	1・2・3・4・5
6	彼（彼女）の話を無条件に受け入れ、途中で口をはさまずに最後まで聞いている	1・2・3・4・5	1・2・3・4・5	1・2・3・4・5	1・2・3・4・5	1・2・3・4・5
7	彼（彼女）に要望していることを自分自身が100%実践している（言行一致）	1・2・3・4・5	1・2・3・4・5	1・2・3・4・5	1・2・3・4・5	1・2・3・4・5
8	彼（彼女）に関する噂話やあざけり、からかいを一切していない	1・2・3・4・5	1・2・3・4・5	1・2・3・4・5	1・2・3・4・5	1・2・3・4・5
9	彼（彼女）に対して小さな嘘や偽りを伝えていない	1・2・3・4・5	1・2・3・4・5	1・2・3・4・5	1・2・3・4・5	1・2・3・4・5
10	彼（彼女）が困っている時には自ら進んで声をかけ支援を呼びかけている	1・2・3・4・5	1・2・3・4・5	1・2・3・4・5	1・2・3・4・5	1・2・3・4・5
11	彼（彼女）に対して自慢話や自らの不幸自慢をしていない	1・2・3・4・5	1・2・3・4・5	1・2・3・4・5	1・2・3・4・5	1・2・3・4・5
12	彼（彼女）の仕事のペースや分量をおもんばかりムリな依頼をしていない	1・2・3・4・5	1・2・3・4・5	1・2・3・4・5	1・2・3・4・5	1・2・3・4・5
13	彼（彼女）ができないことがあった時に本人を責めずに自分のあり方を問うている	1・2・3・4・5	1・2・3・4・5	1・2・3・4・5	1・2・3・4・5	1・2・3・4・5
14	彼（彼女）の過去をもとにレッテルを貼らずに偏見なくニュートラルに接している	1・2・3・4・5	1・2・3・4・5	1・2・3・4・5	1・2・3・4・5	1・2・3・4・5
15	彼（彼女）と一生共に同じチームの一員として過ごす覚悟で支援をしている	1・2・3・4・5	1・2・3・4・5	1・2・3・4・5	1・2・3・4・5	1・2・3・4・5
16	彼（彼女）のやる気が低い時にすぐに察知し面談などで解決を支援している	1・2・3・4・5	1・2・3・4・5	1・2・3・4・5	1・2・3・4・5	1・2・3・4・5
17	彼（彼女）の悪い面を指摘するだけでなく良い面を探し誉め認めている	1・2・3・4・5	1・2・3・4・5	1・2・3・4・5	1・2・3・4・5	1・2・3・4・5
18	彼（彼女）の立場に立ち、どのような気持ちかを感情移入して聞いている	1・2・3・4・5	1・2・3・4・5	1・2・3・4・5	1・2・3・4・5	1・2・3・4・5
	合計	点	点	点	点	点

部下との信頼関係診断ワーク

部下に仕事を任せるということは高いストレスと負荷をかけるということです。部下がそれに耐え、身の丈を超えた仕事を頑張るためには上司との信頼関係が欠かせません。信頼関係の多寡が制約条件になるのです。

部下との信頼関係診断シート

右ページの部下の欄に名前を入れ、それぞれとあなたとの信頼関係を診断します。高い信頼関係があれば任せる度合いを高められます。しかし信頼関係が低ければいくら相手の能力が高くても任せる範囲は限られます。任せる相手を変えるか、本人との信頼関係修復に努めることを先にすべきでしょう。

合計点数	部下との信頼度	仕事を任せられる度合い
81～90点	大変高い信頼関係	部下のキャパシティーを20％以上超える「ムリ」を要望できるだけの信頼関係がある
63～80点	高い信頼関係	部下のキャパシティーを20％程度超える「ギリギリ背伸び」を要望できるだけの信頼関係がある
46～62点	標準的な信頼関係	部下のキャパシティーと同じ程度の「ピッタリ」を要望できるだけの信頼関係がある
28～45点	低い信頼関係	部下のキャパシティーと同じ程度以上の要望をするには信頼関係が不足している → 信頼構築が先決
18～27点	大変低い信頼関係	現状の仕事以上を求めることは難しい → 信頼構築が先決

かし、そこまで到達していないとするならば、信頼関係によって仕事を任せる相手を決めるという視点を持っておいた方がいいだろう。それくらいに信頼関係は大切なのだ。

たくさんの部下と信頼関係がある上司は、たくさんの選択肢を持っている。逆にわずかな部下としか信頼関係が築けていない上司の打つ手は限られることだろう。

このように上司と部下の信頼関係は、仕事を任せる際に大きな制約事項となる。その意味でも、上司は日頃から部下との信頼関係づくりを大切にしておかなければならないのだ。

04 自分のコピーをつくろうとするな

■任せる、と言いながら、自分流を押しつける上司

コンサルティング会社時代のことだ。「次期課長に」と期待して、多くの仕事を任せた我が社のトップ・コンサルタント近藤さん（仮名）。彼は僕の期待に応えてハード・ワークをこなし日々努力を重ねてくれていた。しかし、僕がアドバイスを送る度になぜか彼の顔色が曇っていく。やがて彼は僕に「時間を下さい」と声をかけ会議室でこう話してくれたのだ。

「私は小倉さんから仕事を任せてもらえるのだとばかり思っていました。しかし、実際は何ひとつ任せてもらっていません。なぜならば、すべて小倉さん流のやり方を押しつけら

れているからです。私は小倉さんの手足ではありません。私に任せてくれるのならば、私のやり方でやらせて下さい。そうでなければこの仕事をお断りします」

僕は一言も返す言葉がなかった。なぜならば近藤さんの言っていることはすべて図星だったからだ。僕は彼の意見をそのまま受け入れ、仕事の任せ方を大きく変えることにした。

任せる、と言いながら、任せずに手足のように部下を使う。僕と同じ間違いをしている管理職はたくさんいる。しかし、それでは任せたことにならない。つまりは、部下が育つこともない。任せる、と覚悟したならば、本当に任せなくてはならないのだ。そのためには大きな覚悟をしなければならない。その覚悟とは以下のようなものだ。

■任せる、ということは、自分と違うやり方に異を唱えないこと

任せた以上は、自分と違うやり方を許容しなくてはならない。

「オレだったらこうするのに……」

「そのやり方をすると後で必ず問題が起きるぞ。あー、やっちゃった……」

そう思ったとしても、部下のやり方に異を唱えてはいけないのだ。失敗することも含め

部下への任せ度合い診断ワーク

ゴールや目標は上司と部下で話し合って決めるものの、達成のためのやり方は部下に任せるのが基本です。ディテールを定める5W1Hのフレームにそって、あなたの任せ度合いを診断してみましょう。

部下への任せ度合い診断シート

部下を1名選出し、彼(彼女)に任せている仕事をイメージして下さい。次に、その仕事のプロセスについて、以下の項目にそって任せている度合いを診断し、○をつけます。任せている度合いを確認して下さい。

課　　チーム　　名前

仕事の進め方	任せている度合い				
When(いつ)					
途中段階でのチェック承認の期限をいつにするか?	全く任せていない	ほぼ任せていない	どちらとも言えない	ほぼ任せている	完全に任せている
1日のうち、1週間のうちでいつ作業やミーティングを行うか?	全く任せていない	ほぼ任せていない	どちらとも言えない	ほぼ任せている	完全に任せている
Where(どこで)					
作業やミーティングをどの場所で行うか?	全く任せていない	ほぼ任せていない	どちらとも言えない	ほぼ任せている	完全に任せている
作業のマイルストーン(一里塚)をどの段階で設定するか?	全く任せていない	ほぼ任せていない	どちらとも言えない	ほぼ任せている	完全に任せている
Who(誰が)					
チームメンバーの人選と役割分担をどうするか?	全く任せていない	ほぼ任せていない	どちらとも言えない	ほぼ任せている	完全に任せている
どこの外部パートナー業者と組むか?	全く任せていない	ほぼ任せていない	どちらとも言えない	ほぼ任せている	完全に任せている
What(何を)					
用いるツールや分析手法、資源として何を選択するか?	全く任せていない	ほぼ任せていない	どちらとも言えない	ほぼ任せている	完全に任せている
アウトプットの形式や書式をどうするか?	全く任せていない	ほぼ任せていない	どちらとも言えない	ほぼ任せている	完全に任せている
Why(なぜ)					
役割もしくはタスクの意味や目的は何か?	全く任せていない	ほぼ任せていない	どちらとも言えない	ほぼ任せている	完全に任せている
目的に合わせた優先順位で上位に置くものは何か?	全く任せていない	ほぼ任せていない	どちらとも言えない	ほぼ任せている	完全に任せている
How(どのように)					
手段や方法論をどのようにするか?	全く任せていない	ほぼ任せていない	どちらとも言えない	ほぼ任せている	完全に任せている
アウトプットやインプットのレベルをどれくらいに設定するか?	全く任せていない	ほぼ任せていない	どちらとも言えない	ほぼ任せている	完全に任せている

て部下に経験させなくてはならない。それが本当の意味での任せる、ということなのだ。

何かを手にするためには何かを失わなければならない。

キャンディーがたっぷりとつまった大きな瓶。ちょうど手のひらが入る大きさの広口瓶に手を突っ込み、あなたはキャンディーを取ろうとする。その時に欲張って持てるだけ目いっぱい握りしめてもあなたはキャンディーを得ることはできないだろう。目いっぱいに膨らんだ手のひらが瓶の口をふさぎ外に出すことができなくなっているからだ。キャンディーを口にしたいと思うならば、握りしめたキャンディーの何割かを振り落とし、少なめの量に減らしてから瓶の口から手を引き抜かなければならないのだ。

人材育成もそれと同じこと。部下を育てる、という果実を手にするためには欲張らないことだ。手に入れたい結果だけは妥協せずゴールは譲らない。しかし、ゴールに到達するためのプロセス、つまりやり方は部下に任せるのだ。

何かを手にするためには何かを失わなければならない。部下を自分のコピーにしようとしてはならない。部下には部下なりのやり方でゴールを目指させてあげなければならないのだ。

■ 指示命令でも提案でもない。独り言をつぶやく

そうは言ってもあなたは部下の上司であることに変わりはない。そしてその業務において豊富な経験とノウハウを持っているのも間違いない。その資産をまったく活かさないのも考え物だ。失敗することが100%確実に見えているのに黙って見過ごすのもおかしなものだ。では、そんな時上司はどうすればいいのだろうか。僕がやっているのは、指示命令でも提案でもない。独り言をつぶやくことだ。

「横内さん（仮名）。さっきセミナーのタイトル案見せてもらったよ。それを見てちょっと感想があるんだけれど、独り言をつぶやいてもいいかなぁ」。それを聞いて横内さんはニヤリと笑った。もちろん結構ですよ。ぜひお願いします。僕は続けた。

「あのタイトルだと、読んだ人が中身を誤解すると思うんだよな。僕がセミナー参加者だったなら『あれ？　タイトルと中身が違うんじゃないか？』って思っちゃう。それではお客様の信頼を失ってしまうね。僕だったらタイトルをこんなふうにするかな。『人を育てる仕事の任せ方セミナー』もしくは『人が育つ正しい権限委譲セミナー』。僕のタイトル案は無視してもらってもいいのだけれど、考え方だけはわかってほしいな。タイトルと中

身が違ってはいけない。わかるかなぁ？」

横内さんは、うんうん、とうなずきながら僕の話を聞き引き取った。ありがとうございます。ちょっと考えてみます。そして翌日彼からこう報告があった。

「小倉さん、タイトルと中身の問題はこれで解決です。『独り言』、ありがとうございました。タイトルはそのままでいくことにしました。逆にプログラムの中身を変更しました」。

僕の提案は見事に無視された。しかし、僕が一番大切にしていた考え方は受け入れてもらえたようだ。僕は嬉しかった。僕の考えが受け入れられたからではない。横内さんが自らの主体性を持って自分の意思で決めてくれたからだ。

これで彼のコミットメントが得られた。おそらくこの企画は成功するだろう。そして彼はまた一歩成長した。それが僕には嬉しくてならなかったのだ。

上司は自分のコピーをつくってはならない。任せた以上は本当に任せるのだ。それがコミットメントと部下の成長を生む。決して手足のように扱ってはならない。僕はそう思う。

CHAPTER 4

ギリギリまで力を発揮させる

01 手加減せずにベストを求める

■仕事のレベル・アップを求める

育成のために部下に仕事を任せた以上、レベル・アップを求めるのは当然のこと。ここで手加減しては元も子もない。任せた意味がなくなるのだ。

しかし、形だけ任せたはいいが、その達成を求めることができない上司が非常に多い。

「ここまで求めたらムリだろう。潰れられたら困るからこの程度にしておこう……」

「昇給したわけでもないのにここまで求めたら申し訳ない……」

「彼にはまだこれくらいしかできないだろうから後は自分がやってあげよう……」

そんな理由から手加減をしてしまう。ハードルを下げる上司が多いのだ。しかし、それでは本末転倒。部下が育つことはないだろう。

楽々持ち上げられるダンベルを何十回持ち上げても決して筋肉はつかないのだ。20〜30回持ち上げるのが精いっぱい。筋肉がプルプルと震えるくらいの重さのダンベルを持ち上げるからこそ筋肉がつく、という話を前に書いた。部下を育てるためには、その限界値を求めなくてはならない。そうでなければ最初から任せない方がいいのである。

中途半端な任せ方は部下にマイナスの教育効果を与えることになる。

「適当にやっておけば後は上司が手伝ってくれる……」

「この程度やっておけばいいのか……」彼らは、あなたから間違ったメッセージを受け取ってしまうのだ。

そんな逆効果をもたらさないためにも、任せたからには100%以上の達成を求めよう。それが部下のためなのだと信じて堂々と求めるのだ。

経営の神様、松下幸之助もこう言っているではないか。

「経営の要諦とはつまり、誰にどの仕事をどこまでぎりぎりの要望をするかやな」と。

■同僚への影響力・リーダーシップを求める

任せた役割がリーダーであれば当然のこと。仮にそうではなく、スペシャリストの役割を与えたとしても、同僚への影響力・リーダーシップを求めることを忘れてはならない。リーダーシップとは組織を目標達成へ向けて動かす影響力のこと。それはリーダーだけの仕事ではない。チームのメンバー全員が同僚へプラスの影響力を与える必要があるのだ。

例えば、営業マンの例を取るならば、自分が使ってうまくいった提案資料を仲間と共有する。先輩営業マンが若手の後輩へロールプレイング型の勉強会を開催してあげる。チームの会議で積極的に発言する。困っているメンバーに手を貸す。これらはすべてリーダーシップの発揮例。管理職でないスペシャリストであっても十分にチームに貢献できる方法だ。

人は誰でもその場にいるだけでチームに対してプラスの影響力、もしくはマイナスの影響力を与えているものだ。決してゼロ、ということはない。例えば会議室に15人のメンバーが集まったとしよう。司会はリーダーの高橋課長が務めている。発言はベテラン・メンバー数人のみ。残りの十数人は皆、眠そうな顔をしてうつむいていたとしよう。この覇気のないチーム会。僕がその場にいたとすれば必ずやこんな声をかけるに違いない。

「皆さん、こちらを注目！　今から僕が皆さんに質問をします。自分はどちらにあてはまるか手をあげて下さい。この場にいる全員はこの会議の重要なメンバーです。全員がこの会議に影響を与えている。何も、発言している人ばかりではない。黙って聞いている人もこの場に対して影響を与えているのです」、そしてぐるりと全員を見渡した後でこう続けるのだ。

「こちらを熱いまなざしで見つめて、ウンウンとうなずいている君。あなたはこの場にプラスの影響力を与えています。いい雰囲気をつくっていますね。ありがとう！」

「そしてこの場にはいないと思いますが、暗い表情でつまらなさそうにあくびをしている人。その人は確実にこの場に対してマイナスの影響を与えています。本人はおそらく気づいていない。自分の影響力はプラスでもマイナスでもなくゼロである、と勘違いをしているのです。しかしそれは違います。その人はマイナスです。ゼロはないのです」

「影響力にゼロはない。プラスもしくはマイナスのどちらかです。では、全員目をつぶって。さあ手をあげて下さい。自分がプラスの影響力を発揮していた、と思う人！　次、マイナスだと思う人！」

これがリーダーシップの考え方だ。一段上のレベルを求めるのなら、部下が一人でやる

「作業」レベルの向上だけを求めてはならない。例え相手がスペシャリストであったとしてもチームに対するリーダーシップの発揮を求めるのだ。それが彼の成長を促すのだから。

■自己成長を求める

一段上のレベルを求める以上、部下には自己成長のための努力も求めなくてはならない。以前と変わらず、勉強をしない、本を読まない、乱れた生活リズムのままだとしたら、新たに課せられた仕事をこなすのは難しいだろう。

レベル・アップを期待するのであれば、当然のように勉強することも求めなくてはならない。そうでなくては、できるようになるはずがないだろう。

私が社長を務めていた頃のコンサルティング会社ではコンサルタント、プランナーのレベル・アップのために読書レポート制度を運用していた。課題図書を定め、1冊の本を1カ月で読破してもらう。その本を4つの章分類に分けて毎週、読書レポートを書いてもらうのだ。

あなたの職場にどのような勉強が必要だろうか。作業の完遂だけを求めるのではなく、リーダーシップの発揮と自己成長への勉強も求めていきたい。そうでなければ部下が継続的に目標達成し、成長することはないだろう。

リーダーシップ発揮と自己成長発見ワーク

部下に仕事を任せたならば、一人でこなす自己作業だけではなく、周囲へ影響力を発揮するリーダーシップと自己成長のための学習をあわせて要望しなければなりません。どのようなものが必要なのか？　発見するワークです。

部下に求めるリーダーシップと自己成長発見シート

部下一人を選び、その者に任せる役割もしくはタスク内容を列挙します。その後、その役割やタスク内容を実践するために必要となるリーダーシップ（人を動かす影響力）と能力開発、自己研鑽を洗い出します。

名前	任せる役割もしくはタスク	求めるリーダーシップ 誰を？	どう動かす？	求める能力開発、自己研鑽
さん				
さん				
さん				
さん				
さん				
さん				
さん				

02 自分に矢印を向けることを求める

■ 相手に矢印を向ける人は成長しない

先にお伝えした通り、上司が持っていた仕事を部下に任せると、部下には大きなストレス負荷がかかる。本来の役職や等級以上の責任や負荷を受け、任せてもらう、という矛盾に対して部下は認知を変えて対応しようとする。これを心理学の言葉では認知的不協和と呼ぶ。

これは前にも説明したが、その矛盾を解消する時に常に選択肢は二つある。一つは自分に矢印を向ける方法。つまり、問題の原因を自分にあると考え、自分を変えることで問題を解決しようとするアプローチだ。これを選ぶ部下は成長していく。仕事を任せたかいがある、というものだ。

しかし、もう一つの選択肢を選んだ場合はそうはいかない。それが他人に矢印を向ける、という方法だ。

「目標達成できないのは不景気のせい」

「期限内に提出物を出せないのは、仕事の量が多すぎるから」

「チームの目標達成率が低いのは、人員を補充してくれない人事部のせい」……。

そうやって問題をすべて他人のせいにすることで自己正当化する。自分は悪くない、悪いのは他人だ、と言って必死に自分を守るのだ。

当たり前のことではあるが、このタイプの人は成長しない。自分は変わる必要がない。すべては相手が悪いと思っているからだ。

仕事を任せることで部下に成長を促すつもりだったにもかかわらず、結果として逆効果となるのはこんな場合だ。負荷をかけられた部下が「相手に矢印を向け」てしまうのが原因なのだ。我々上司はそれを阻止しなければならない。「自分に矢印を向ける」ように指導することが大切だ。ただ、いたずらに負荷をかければいい、というものではない。

■自分に矢印を向けさせるために

では、いったいどのようにすれば部下が自分に矢印を向けてくれるのだろうか。これは実は簡単なことではない。しかし不可能なわけでもない。これさえやればOKという決定打はないが、できることをすべてコツコツやり続けるしかない。

僕が考える「部下が自分に矢印を向けるようになる方法」とは以下のようなものだ。

- 上司自身が相手に矢印を向けない。他の上司や部下の愚痴や批判をしない。
- トップダウンで強制をしない。意思決定に部下を参加させ自分で決めさせる。
- 日頃から上司と部下の信頼関係を築いておく。信頼している人の言うことに対しては矢印を向けないものだ。
- 部下に小さな成功体験をたくさん積ませる。自分に自信をつけさせる。相手を攻撃するのは自分を守るため。自分に自信がないから相手に矢印を向けるのだ。
- 部下に自分の人生を自分でコントロールできることを教えてあげる。誰かのせいにする、ということは自分ではどうにもできないと白旗を掲げていることになることを教

部下が自分に矢印を向けるために必要なこと探索ワーク

仕事を任せることで部下が成長するには次の要素が欠かせません。それは部下が相手に矢印を向けないこと。問題の原因を自分に求め、自分を変えようとする姿勢、「自分に矢印を向けること」です。上司は部下を導いてあげなければならないのです。

部下が自分に矢印を向けるために必要なことワークシート

部下一人ひとりにとって有効な策を選び空欄に○を付けます（複数回答可）。それに基づき、具体的に何をするかを具体策欄に記入。一つひとつ取り組んでいきます。

名前	有効な施策					具体策
	上司が模範を示す	参加型で決める	信頼関係をつくる	成功体験を積ませる	「自分に矢印」を教える	
さん						
さん						
さん						
さん						
さん						
さん						
さん						

えてあげる。他人のせいにすれば一時的には楽になるが長い目で見ると苦しくなるばかり。あらゆることは自分で解決できる。自分が解決するのだ、という考え方を教えてあげる。

部下育成とは一筋縄ではいかないものだ。部下育成をするためには仕事を任せなければならない。仕事を任せるためには、部下が「相手に矢印を向けない」ようにしなければならない。そのためには、これらのようなたくさんのことが必要になってくるのだ。

これらはすべて有機的につながっている。こんな視点で部下に仕事を任せ、一番の大きな目的である部下育成を進めていただきたいと思う。

■上司が模範を示す

仕事柄、僕はリーダーシップに関する講演を数多く依頼される。そんな時、僕はリーダーに必要な条件として「自分に矢印を向ける」ことの大切さを説くことが多い。その日も僕は同じ話を熱く語った。すると、会場の聴講者の方から質問の手があがった。

「小倉さん。よくわかりました。『自分に矢印を向ける』ということは、まさに私自身が常日頃から心がけていることです。ところで、一つ質問があります。私は自分に矢印を向けているのですが、うちの部下がそうでなくて困っているのです。彼らは問題をすべて会社のせい、上司のせい、不景気のせい、と他人事にして話すのです。彼らにどのようにして『自分に矢印を向け』させればいいのでしょうか？」

僕は思わず噴き出しそうになってしまった。なぜならば、そう語る彼自身が完全に「相手に矢印を向けていた」からだ。問題は部下にある。自分にはない。そう言っているのだ。これでは、部下が「相手に矢印を向けて」しまっても仕方がないだろう。部下の姿は上司の鏡。上司は部下に対して自分ができていないことを求めてはいけないからだ。

この上司がすべきは、まず上司たる自分自身が「自分に矢印を向ける」ことだ。部下のせい、会社のせいにせず、自分に何ができるだろうか？　と考える。そして、そのことだけに100％集中するのだ。

先に「部下が自分に矢印を向けるようになる方法」をいくつか箇条書きで示した。その第一番目にあげたものこそ「上司が自分自身に矢印を向ける」こと。つまりは「模範」を示すことだ。それをなくして、他にどんな方法を使っても問題は一向に改善されないだろう。僕たちリーダーはそれを肝に銘じておかなければならない。

03 相手をプロとしてリスペクトせよ

■ 選手をプロとしてリスペクトする落合監督

在任期間8年間でリーグ優勝4回、2位3回、3位1回という圧倒的な成績を残し、正力松太郎賞を受賞した、かつての名選手にして名監督、落合博満。独特の考え方やマスコミへ対するぶっきらぼうな対応から奇人扱いされることも多いらしい。しかし彼の人心掌握術について学ぶべき点が多々あるのではないかと僕は思う。

彼の選手へ対する姿勢がよくわかる有名なエピソードを一つご紹介しよう。ある選手が凡フライを捕球できずに落としてしまった時のことである。多くの監督は選手の実名をあげて批判をし、なじる場面だ。しかし、落合監督はそれを一切責めずにこう語った。

「あいつが捕れないのなら誰も捕れないさ」。そして、どんな場面においてもエラーをした選手を名指しで批判することは絶対にないという。

勝った試合の時には、

「すべて選手たちの手柄。彼らを誉めてやって下さい。自分は何もしていない」

負けた試合の時には、

「あんなに頑張った彼らを勝たせてあげられなかったのはすべて監督のせい」、そう語る。

選手を一段低く見て、子供扱いする親分タイプの監督が多い中、落合監督だけはそんな態度を取ったことが一度もない。常に選手をプロとしてリスペクトし、敬意を伝える。そんな落合監督に心酔し、選手たちが全力を発揮するからこそ、中日ドラゴンズを常勝軍団に変貌させることができたのだろう。

実はここに仕事を任せる際のヒントがある。部下に高い要望をする時のヒントがある。僕たちが道を間違えないための大切な指針がある。

■高い要望をする時にしてしまう勘違い

「こんなこともできないのか……。これじゃあとてもじゃないが任せることはできない。

あまりにもレベルが低すぎる」。僕は憤懣《ふんまん》やるかたない思いで部下を叱っていた。

そしてこう宣言した。

「もう一度やり方をもとに戻す。ミーティングには全部オレが出る。朝礼のやり方も改めてもらう。報告書の書式もやり直しだ。これから出す指示をちゃんと聞いてくれよ」

目の前にいる部下はふて腐れたような顔をしていた。そして仕方なさそうに力なく、ハイ……と声を絞り出した。僕は部下に任せることをやめて仕事を取り上げることにした。その後、チームは低迷を続け、抜け殻のようになった元リーダーは会社を辞めていった。

確かに当時の僕は彼らよりも経験があり知識も技術も豊富だった。しかし、僕は彼らに仕事を任せておきながら、彼らをプロとしてリスペクトしていなかったのだ。高い要望に応えられない部下を名指しで批判し、フライを落とした選手を激しく叱責したのである。

これでは部下はたまらない。成長するわけがない。僕は任せた後のリーダーの取るべき姿勢をわかっていなかったのだ。

任せる、ということは、相手を自分の手足にすることではない。相手をプロとして認め敬意を払うことから始めなくてはならない。それをせずに指示命令を繰り出し、部下を自在に操ろうとするならば、そもそも任せることをやめなければならない。僕はそれをわかっていなかったのだ。

■「厳しさ」と「優しさ」の両立

では、落合監督は完全に選手の自主性に任せていたのだろうか。実はそうではないらしい。講演会などで語られた彼の言葉をいくつか紹介してみよう（出典：2008年1月25日「オレ流落合博満講演会」町田市民ホール）。

- 選手に「気を遣う」のは最低の指導者。「配慮」はします。「プライド」も考慮します。でも「気を遣う」ことはしない。
- 調子のいい選手だけを使います。例え一軍のレギュラークラスでも調子が悪ければちゅうちょせず二軍に落とします。逆に調子のいい選手は若くても一軍にあげます。
- 評論家時代、12球団のキャンプを見て、「プロ野球ってこんなに練習しないんだ」と思った。練習していたのは王監督のダイエー（現・ソフトバンク）だけ。
- キャンプで選手を鍛えていた時、3回くらい選手が「死ぬんじゃないか」と思った。それほど体力がなかった。「ダメだと思ったら自分で意思表示しろよ」と言っておい

落合監督に学ぶ優しさと厳しさチェックリスト

在任8年間でリーグ優勝4回、2位3回、3位1回と圧倒的な実績を残した落合監督。歴史に残る名選手ながら名監督となっているのは大変珍しいと言えるでしょう。その落合監督から厳しさと優しさを学んでみましょう。

落合監督に学ぶ優しさと厳しさチェックシート

リーダーには優しさと厳しさの両方が求められます。どちらか片方だけになってしまってはいけません。落合監督に習い、その両面をセルフチェックしてみましょう。

優しさ	部下がミスをした時に責めずに部下を守っている	できている	できていない
優しさ	目標達成の時は、手柄を自分のものにせず部下を主役に引き立てている	できている	できていない
優しさ	目標達成できなかった時は部下のせいにせず自らの責任を表明している	できている	できていない
厳しさ	部下に対して配慮はするが、一切気を遣っていない	できている	できていない
厳しさ	社歴や実績など過度に考慮しすぎずに適材適所、実力主義を徹底している	できている	できていない
厳しさ	部下に限界ギリギリまでの努力を求めている	できている	できていない

たが、途中から弱々しく「ハイ」「ハイ」としか言わなくなった。

どうやら落合監督の方針はこういうことらしい。選手にプロとして敬意は払う。しかし、監督としての仕事を遂行するには一切ちゅうちょをしない。そして、選手には常に高いレベルを要望し続ける。

「高いレベルの要望をすること＝厳しさ」と、「選手に敬意を払うこと＝優しさ」をみごとに両立しているのだ。これがどちらかに偏っていたら決してうまくはいかなかっただろう。厳しく要望をする際に、参考になる姿勢ではなかろうか。

04 過去をリセットする

■過去を変えることはできないが未来は変えられる

部下の成長を願い、妥協せずに高い要望をする。僕がずっと部下に対して取ってきた姿勢だ。しかし、僕はある言葉に出会った時にそれまでの自分がいかに間違っていたかということに気がつき、衝撃を受けた。その言葉とは、

「過去と他人を変えることはできない。しかし、未来と自分を変えることはできる」

というものだ。

僕は、部下に高い要望をするあまりに、部下が過去に取った言動にこだわり、それを修正させようと躍起になっていた。それはまさにこの言葉の逆をいく行動だ。「未来」では

なく「過去」にこだわり、「自分」ではなく「相手」を変えようとする。僕は不可能なことをやろうとしていたのだ。

それ以来、僕は結果にこだわることをやめた。過ぎたことにとらわれるのをやめたのだ。そうではなく、これからどうするか？　だけに集中する。そんなふうに自分の考えを変えたことでとても楽になったのだ。もちろん楽になったのは僕だけではない。部下の心こそが大きく解放されたことだろう。

過去志向ではなく未来志向へ。失敗分析を長々とやるのをやめて、どうすればうまくいくか？　という問いに集中する。それはとても大切なことだと思う。

■「原因分析」と言い訳をして部下を責めない

だからといって、過去を一切振り返らない、というわけではない。もちろんきちんとけじめをつけるのは大切だ。目標達成できなかったのであればその事実にきちんと向き合う。何が足りなかったのか？　未来に活かせる反省点はあるか？　それについて部下ときちんと向き合うのだ。しかし、長々とそれをしてはいけない。そこで心に傷をつくってはいけない。

かつての僕はそれと逆のことばかりをしていた。失敗した過去について部下を延々と責め続けた。なぜあんなことをしたんだ？　なぜもっと頑張れなかったんだ？　もちろん、部下は答えることができない。ただ青い顔をしてうつむくだけである。

言葉尻だけをとらえれば、それは過去の問題分析に見えるかもしれない。しかし、言葉は質問形であっても部下が受け取る印象はまったく違ったことだろう。単に「責められている……」「糾弾されている……」としか感じられなかったことだろう。

今にして思えばわかる。当時の僕は部下を責めていたのだ。自分自身でそうとは気づかずに部下を糾弾していた。「オレは未来に備えて過去の原因分析をしているんだ」。そう自分に言い訳をしながら、押さえきれない感情をただ爆発させていたのだ。

今の僕はやり方をまったく変えている。過去の話はほんのわずか。終わったことはどうしようもない。未達成だっていいじゃないか。もう一度あきらめずにやり直せばいい。さあ、今から何をやれるか一緒に考えよう。そう言って切り替えることができるようになったのだ。

高いレベルを求めるということは、簡単に達成はできない、ということに等しい。当然ながら目標未達成という残念な結果に終わることも多いだろう。そんな時、上司がどう部

過去をリセットする振り返りのステップ

目標を達成しても未達成でも、どちらにせよ、過去に対して過剰にとらわれるのは避けたいものです。そうではなく、未来へ視点をチェンジするのです。過去にとらわれるステップ（間違った振り返り）と、とらわれないステップ（正しい振り返り）を比較します。

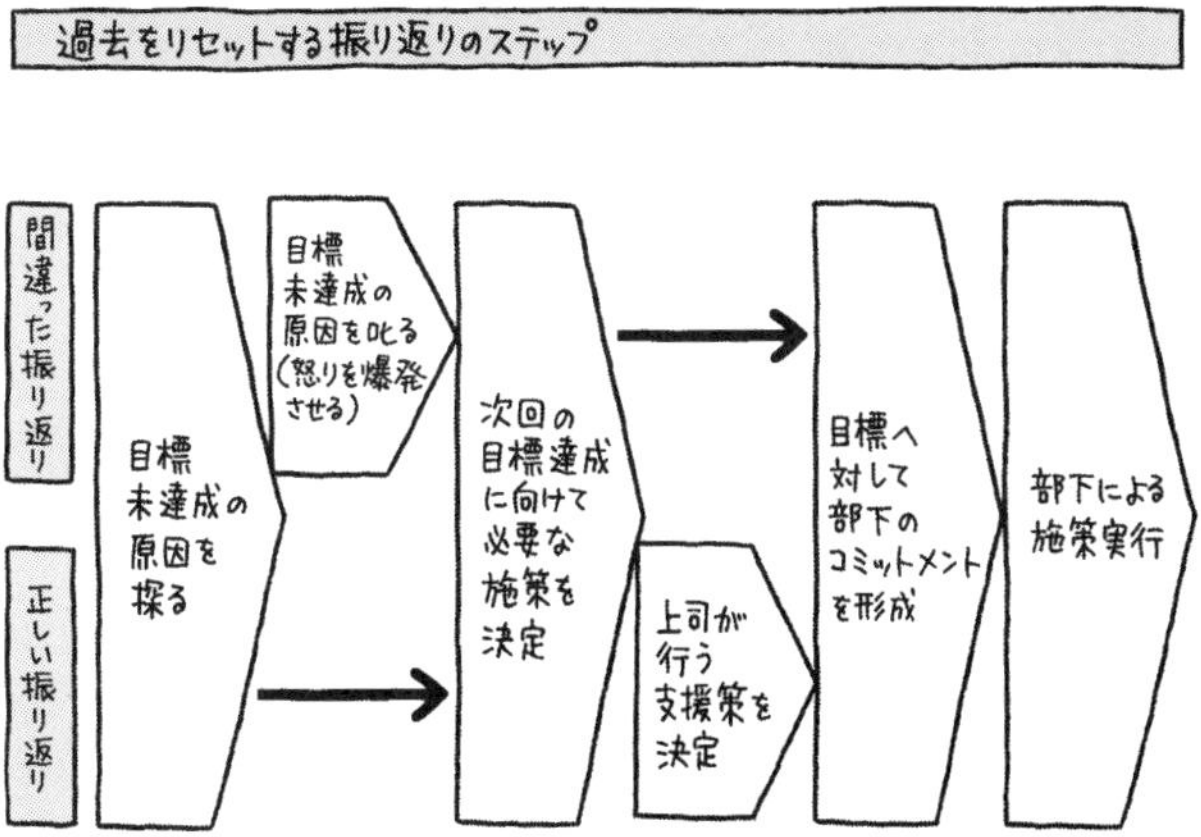

下に対処するか。それをあらかじめ決意しておくことが必要となるだろう。

■ 達成してもリセットする

過去をリセットして未来へ向かう。それは目標未達成の時だけに通用する話ではない。みごとに目標達成をした時にこそ、過去をリセットして未来へ向かうことが大切だ。

部下に仕事を任せるからといって放任をしてはいけない。部下の主体性を奪ってしまわぬよう細心の注意を払いながらも部下を支援しバックアップするのだ。ところが僕はこれを怠ってしまったことがある。

かつて営業部を率いていた役員が立て続けに2度、自分の部署を目標達成に導いたことがあった。僕は彼のやり方を認め、彼を信じて自由にやらせることにした。もう大丈夫だろうと、それまで週に1回続けていた面談をやめてしまったのだ。

これが間違いだった。その後、彼は自分流をどんどん加速させ、会社の方針とずれた行動を取るようになっていった。目標達成をすればいいんだろう、とばかりに、数字を稼ぐことばかりを考え、リーダーシップを発揮し模範を示すこともなくなった。そして糸の切れた凧のようにどんどんと遠くへ離れていってしまったのだ。

あの時、僕は彼に自由にやらせてはいけなかったのだ。目標達成をした時にこそリセットする。そして、もう一段上の目標を設定しなければならなかったのだ。それは、先に示した通り、数字だけの目標であってはならない。リーダーシップを発揮すること。自己成長のために勉強し学び続けること。これらの点についても高く要望し続けるべきだったのである。

目標達成をした時こそリセットしなければならない。そして、さらに高い要望をするのだ。人間の成長に限界はない。求めるのをやめることは相手の成長の機会をつぶすことに等しい。相手のためにこそリセットし、改めて要望を示すことが大切だと僕はその時に気づいたのだった。

CHAPTER 5

口出しをガマンする

01 魚を与えるな、とり方を教えよ

■じっとこらえてガマンする

「皆川さんの方が頑張っているよ。あれで評価されなかったら納得しないでしょう?」マネジャーが力説した。それを聞いて他の管理職たちもうんうん、とうなずいている。

僕が社長をしていた時の人事考課会議。僕はじっとガマンしてそのやりとりを聞いていた。しかし、内心はイライラのしっぱなしだ。僕は彼らのやりとりを聞きながら心の中でこう叫んでいた。「ずれている。その考え方ではおかしくなるぞ。何をやっているんだ……」

しかし、僕は先ほどから3回も軌道修正をさせてしまっている。これ以上僕が口を挟んだら、彼らは僕のいいなりになってしまうだろう。僕の顔色をうかがいながら、「こう言

えば小倉さんが納得するのではないか？」と正解探しを始めてしまうことだろう。

そして、こう思うに違いない。「いくらオレが主張しても、結局小倉さんが査定を決めるんだ。自分は部下の査定を決める権限を持っていない。だったら小倉さんが部下を育てればいい。自分は部下に責任を持つことはできないよ」と。

そんな光景が目に浮かび、僕はじっとガマンして彼らに結論を委ねることにした。そして、その場で心に決めたのだ。二度と人事考課会議に出席するのはやめよう、と。

それから……。その会議以来、僕は一度も考課会議に出なかった。現場管理者たちに判断を任せるようにしたのだ。

そして出てきた考課に対して意見は言うものの、最終決定権を彼らに委ねている。

「自分だったら違う人事考課をつける」

たとえそう思ってもそれを彼らに強いることはない。彼らの主体性を奪うような口出しをしないよう、じっとガマンし続けたのである。

■何かを得るためには何かを捨てなければならない

僕がコンサルティング会社を経営するにあたって決意していたことが一つある。それは、たとえ業績が下がったとしても、部下に任せることをやめない、ということだ。

例えば、僕がコンサルタントとして毎回クライアントのもとへ行くと約束すれば、必ず契約をもらえる見込顧客があったとしよう。成績を上げたい部下は僕にお願いに来る。

「小倉さんさえ手伝ってくれれば契約がもらえるのは間違いありません。小倉さんに任せきりにはしませんから、毎回顔だけ出して下さい。そうすれば契約がいただけるんです」。

もちろん、僕だって契約はほしい。しかし、僕は絶対にYESとは言わない。僕が毎回同行した段階で、どうやったって僕が責任を負ってしまうのだ。それはすなわちコンサルタントが育たない、ということを意味する。それはCHAPTER0で述べた通りだ。

作業を通じて人が成長するのではない。責任の大きさに応じて人は成長するのである。

だから僕はガマンする。売上を失ってもガマンするのだ。

何かを手にするためには何かを失わなければならない。

僕は管理職を育てるために、売上を捨てる覚悟をしていた。何も捨てることをせずに人材育成を手に入れよう、などと虫のいいことは考えていないのだ。

■魚のとり方を教えよ

中国のことわざにこんな言葉がある。

「子供に魚を一匹与えれば一日は食べられる。しかし、魚のとり方を教えてあげれば一生食べられるようになる」というものだ。

僕が部下の売上のために毎回クライアントのもとへ通うようになれば、部下を一日食べさせることはできるだろう。しかし、それでは彼は一生食べられるようにはならない。僕の力を借りずとも自分だけの力で売上を上げられるようにならなければならないのだ。

ここで言う「魚のとり方」とはただの技術論ではない、と僕は思う。例えば先の例、コンサルティング契約を一人で取れるようになる、ということは、技術論以上にクライアントの課題解決へ対する強いコミットメント（決意）が必要だ。

心の底からクライアントの問題にどっぷりと浸かり、本気で組織を変えていく。たとえ反対にあっても障害に邪魔されてもそれを乗り越える。そんな主体性がなければ顧客の要望には応えられない。主体性が最も重要なのだ。

もう一つの例である部下の人事考課も同様だ。あらゆる人が納得する平等な人事考課はありえない。必ず誰かが考課に不満を言うものだ。しかし、上司はそこでぶれてはならない。自分が下した結論に責任を持って部下を納得させなければならないのだ。そこで必要なのは技術ではない。確固たる信念でありコミットメントなのだ。

部下に仕事を任せる、ということはそういうことだ。彼らに主体性を植え付け、コミットメントを引き出すこと。それが一番大切なのだ。

そのためには、僕たち管理者は口出しをガマンしなければならない。彼らから主体性を奪わないようにしなければならない。

部下に仕事を任せる時に一番大切なこと。そして上司として一番つらいこと。それがこの「口出しをガマンする」ということなのではなかろうか。僕は最近そう思う。

このようにして経営にとって最も大切なことを一つずつ部下に手渡している僕は最近強く感じることがある。それはいくばくかの淋しさだ。第一線から手を引くことによる孤独だ。権限を渡すことで少しずつ彼らが活き活きと輝き出している。それと対照的に僕は淋しさと孤独を感じている。しかし、それでいいのだ。それが任せる、ということなのだ。

自分自身が活き活きとするのではなく、部下が活き活きとしている姿を見て喜びを感じる。そんなふうに自分の価値観を変えていかなければならない。
淋しくても、イライラとしても、任せていく。その覚悟が必要なのだと僕は思う。

02 部下を脇役にするな

■宿題をやりなさい、と言ってはならない

僕は部下にある仕事を任せ、ガマンしながらそれを見守っていた。しかし「今週中に必ず仕上げます」と言っていた仕事が一向にあがってくる気配がない。

1日過ぎ、2日が過ぎ……。しかし「遅れます」という連絡さえも送られてこない。このままではクライアントに迷惑がかかる。そう思い、僕はじれったい思いを込めてこんなメールを部下に送ることにした。

「あの件どうなっている？　先週末までに仕上げるという約束だったんじゃないの？　このままではクライアントに迷惑がかかるぞ。ちゃんと報告をしなくちゃダメじゃないか」

そして送った瞬間に後悔した。あーあ。またやっちまったよ、と。

僕が送ったメールの内容は一つも間違ったことを言っていない。しかし、これではダメなのだ。これでは、部下が主役になっていない。あくまでも主役は社長の僕。部下はそれを手伝う手足のような脇役になってしまっているのだ。

僕は「催促する」という行為をした瞬間に、主役の座を部下から奪ってしまった。この瞬間に、部下にとってこの案件は「小倉さんから催促されてやる仕事」すなわち「やらされ仕事」に変わってしまったということになる。

「ヒロシ！　遊んでばっかりいないで宿題やりなさい！」。学生時代に僕は母親からよくこう叱られた。すると決まって僕はこう言い返していた。

「今やろうと思っていたのに！　お母さんに言われたからやる気がなくなったよ！」

人は自分で決意して、やろうと思ったことはやり遂げられる。しかし、人から決意を促され指示命令された仕事をやり遂げることは難しい。やる気と主体性がグッと下がってしまうからだ。上司が部下に催促をしただけでそれと同じことが起きてしまう。催促が部下の主体性を奪ってしまうのだ。

リーダーたる僕たちはここまで考えて部下とコミュニケーションを取らなければならな

い。そうでなくてはコミットメントを引き出すことなどはできないのだ。

■会議や集会で主役になってはいけない

「和田さんは素晴らしい仕事を成し遂げました。お客様からこのような言葉をいただきました。そしてこんなふうに提案を実行に移したのです……」。

月に一度の全体会。全社員が集まり月間の振り返りと次月の方針共有をする。と同時に月間表彰や模範となるエピソード共有も行う。その全体会でのできごとだ。表彰される和田さんの取り組みについて上司の丸山役員が情感たっぷりにエピソードを語っていた。隣で神妙な表情で和田さんが立っている。晴れがましい場面だ。

しかし、僕はこう思っていた。「ありゃりゃ。丸山役員が主役になっているよ。せっかくのお客様との素晴らしいエピソード。和田さん本人に発表させてあげればいいのに」と。

上司が部下から主役の座を奪ってはならない。会議や集会の場面では、なるべく晴れがましい役柄を部下に譲るのだ。例えば成果発表、方針発表、その晴れがましい場面を上司が独り占めするのではなく、部下にやらせてあげるのだ。部下に主役を譲るのだ。

ちなみに、当時行っていた月に一度の全体会。前月の振り返り、次月の方針、表彰、エ

部下を脇役にしない方法

部下に仕事を任せた以上、上司がはなばなしい主役になってはいけません。主役の座を部下に譲り渡す。脇役は部下ではなく上司なのです。

催促しない

↓

さりげなく気づかせる

上司が主役にならない

↓

部下を主役にする

指導、助言しない

↓

独り言をつぶやく

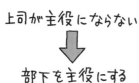

ピソード共有。あらゆるプログラムにおいて社長の僕は一言も話さなかった。会議のオブザーブ席で黙って皆を見守るだけだ。僕に代わって晴れの舞台で話すのは、3人の若手役員だ。彼らが現場を動かしているのだから晴れの舞台も彼らが主役を張っている。それは僕にとって淋しいことではあるが、とても嬉しいことでもある。彼らを見て「頼もしい」と思うことが多いからだ。

そして「任せる」はさらに加速していった。部長兼役員に代わってその下の課長候補クラスが大切な発表をしてくれるようになったのだ。もちろん、周到な準備と入念なリハーサルを行った上でのこと。しっかりと意思を込め、コミットメントしている様が手に取るように伝わってくる。「これで彼らの成長がますます加速するな……」。僕は思った。

彼らとは、新たに大事な仕事を任された課長候補クラスと、彼らに大事な仕事を任せる勇気を持った役員たちの双方だ。僕はますます未来が楽しみになった。

■任せる側は黒子になって陰で手伝う

ここまでの内容をご覧になった読者の方はこんな疑問を持たれたのではなかろうか。

「ガマンして任せることの大切さはよくわかりました。しかし、このままでは任せっきりの放任になってしまいませんか？　部下に任せても彼らでは気づけないこともあります。彼らだけではのんびり安心してしまう大切な抜け漏れがたくさんあるのです。ガマンしていては取り返しのつかない致命傷になるかもしれません。それについてはどうしているのですか？」というものだ。実際、講演や出版の後、多くの方から同じような質問が寄せられている。そんな時、僕はいつもこう答えている。

「放ったらかしにはしませんよ。必ず部下に注意をします。『この件が抜けていないか？』『今のままだとこんな問題が起きる可能性があるけど大丈夫？』ただし、言い方には細心の注意を払います。先に述べたように僕が主役にならないように。そして、できるだけ決定を彼らに委ねるのです。つまり指示命令は絶対にしない。『独り言をつぶやく』のです。それを採用するかしないかは部下に委ねる。そんなふうにしていますよ」と。

舞台の袖で子供のピアノの発表会を見守る母の心境でガマンして待つ。しかし、子供に代わってピアノを弾いてはおしまいだ。ハラハラしながら待つ。演奏前と後にちょっとした助言を与える。それが部下に仕事を任せる僕たちの仕事なのではなかろうか。

主役を奪わない。けれど放ったらかしにはしない。このバランスが求められるのだと僕は思う。

03 フィードバックの5段階

■ズボンのチャックが開いているよ

トイレに行った部下が会議室に戻ってきた。彼のズボンを見るとなんとチャックが開いたままになっている。さて、あなたはどのように彼にフィードバックするだろうか？

第1段階：事実のフィードバック：「チャックが開いているよ」
第2段階：主観のフィードバック：「チャックが開いているよ。おかしいよ」
第3段階：評価のフィードバック：「チャックが開いているよ。だらしないな」
第4段階：提案のフィードバック：「チャックが開いているよ。気をつけた方がいいよ」
第5段階：命令のフィードバック：「チャックが開いているよ。早くしめろ！」

もうおわかりだろう。段階を追うごとにフィードバックが命令的になり、その分相手の主体性を奪うことになる。逆に段階が浅いほどに、相手に判断を委ねる中立的なフィードバックとなり、相手の主体性を奪うことは少なくなる。

この話をクライアント先でしたところ、ある社長が間髪入れずにこう言った。

「これはまるでオレに関する話のようだな。オレはこの5段階、毎回すべてやっているよ。人が育たない理由がわかったよ」。それを聞いている社員もまた苦笑いをしていた。

部下に仕事を任せる際に、部下の主体性を大切にするならばフィードバックは浅めがいい。僕のお勧めは第1段階と第2段階にとどめること。その他はガマンする。

どうしても第3段階、第4段階に踏み込みたい時には「独り言」をつぶやくことだ。それを受け入れるかどうかは部下に委ねる。そんな姿勢で臨みたいものだ。

■ 先週末締め切りの仕事、どうなっている?

先に掲げた5段階。これを同じく先にあげた「部下の仕事の締め切り遅れ」にあてはめると、こんなふうになることだろう。

第1段階：事実のフィードバック：「締め切りを過ぎているけど報告が来ていないよ」

第2段階：主観のフィードバック：「締め切り過ぎても報告がない。待ち遠しいなぁ」
第3段階：評価のフィードバック：「締め切り過ぎても報告がない。だらしないぞ」
第4段階：提案のフィードバック：「締め切り過ぎても報告がない。期限を守ったらどう？」
第5段階：命令のフィードバック：「締め切り過ぎても報告がない。期限を守れよ！」

これも同じく1段階か2段階にとどめたいものだ。

上司たるもの、このフィードバックの5段階を常に意識しておく必要があるだろう。僕のように「またやっちまった！」と失敗したっていい。それを自覚できるようになることの方がはるかに大切だ。

この5段階を知る前の僕は、「やっちまった！」と気づくことさえなかったのだ。気づくようになっただけでも大きな進歩。皆さんも、まずはそこから始めてみてはどうだろう。

フィードバックをガマンする。これも部下の主体性を引き出す上で有効な方法だろう。

フィードバックの5段階振り返り

口出しをガマンする際に欠かせないのがこのフィードバックの5段階だ。部下の主体性を引き出すためには、常にこの考え方をベースにコミュニケーションを取っていただきたい。あらゆる会話の基礎となる考え方だ。

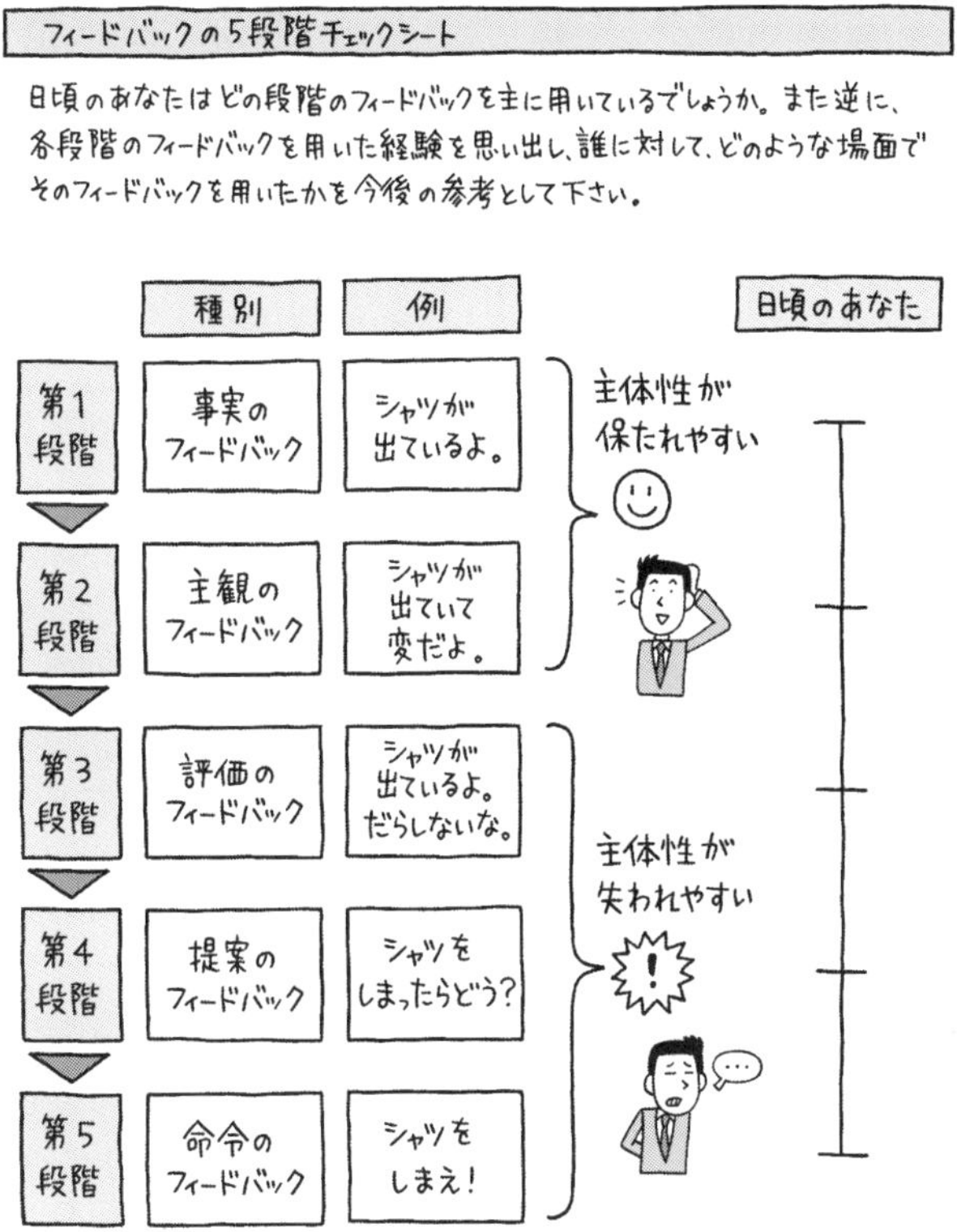
フィードバックの5段階チェックシート
日頃のあなたはどの段階のフィードバックを主に用いているでしょうか。また逆に、各段階のフィードバックを用いた経験を思い出し、誰に対して、どのような場面でそのフィードバックを用いたかを今後の参考として下さい。
種別
例
日頃のあなた
第1段階
事実のフィードバック
シャツが出ているよ。
第2段階
主観のフィードバック
シャツが出ていて変だよ。
第3段階
評価のフィードバック
シャツが出ているよ。だらしないな。
第4段階
提案のフィードバック
シャツをしまったらどう？
第5段階
命令のフィードバック
シャツをしまえ！
主体性が保たれやすい
主体性が失われやすい

■追い越し禁止

部下に主体性を持たせるためにもう一つ大切なことがある。それは「追い越し禁止」という考え方だ。これは部下にリーダーの役割を任せる時に非常に重要となるだろう。「追い越し」とは、任せたはずのリーダーを飛び越えてその下の階層に直接指示命令を出すことを言う。例えば、部長が課長に「任せた」と言いながら、その下の一般職に指示命令を出す。もしくは一般職からの質問や決裁依頼に部長が直接答えてしまうことを指す。「追い越し禁止」とはそれをたしなめるための僕の造語だ。階層の飛び越しを戒めて、任せたリーダーの主体性を高めるのだ。

かつて、自社で講演会を主催した時にBGMの選曲が大変地味に感じられた。暗めのクラシック。僕はその場で曲目を変更させるかどうか大いに迷った。「他のBGM用意してない?」ガマンできずに目の前の担当者にそう尋ねた。「いいえ他にはありません」。それが答えだった。そうか、じゃあいいよ。僕は彼に「BGMの選曲」についてのフィードバックをせずに、そのままその場を終わらせた。

そして講演会終了後、すぐに彼の上司に電話をかけた。そしてこう伝えたのだ。

「BGMってとっても大切だと僕は思うよ。今日の講演会のBGM。丸山部長はBGMの選曲を確かめたの？　え？　そこまで確認していないって？　そうか。BGMも含めて確認するのは大事だと僕は思うぞ。これから先、頼むね」。そう言って電話を切ったのだった。

この話、目の前にいる担当者にした方がはるかに早いし、効果的だろう。しかし、それをやってしまっては彼の上司が無責任のままになってしまう。おそらく今後も上司の丸山はBGMにノータッチとなるだろう。同じ過ちを繰り返してしまうことにつながるのだ。

だからこそ「追い越し禁止」が大切。もぐら叩きではなく根本となる上司のコミットメントを強く求めるのだ。そのためには些細なミスの修正も上司を通じて修正させる。そのことにより、担当者を教育するのではなくその上司を教育していくのだ。それが「追い越し禁止」の大きな狙いなのだ。

「小倉さん、それではスピードが落ちてしまわないだろうか。経営の教科書にも組織の意思決定はフラット化させるべき、と書いてある。階層を増やすとスピードが落ちて逆効果になってしまうのではないか」

そう反論される方がいる。僕はその意見を否定はしない。

しかし、管理職の育成を優先するならば、「組織のフラット化」よりも「追い越し禁止」の方がはるかに大切だ。

組織のフラット化とは、その先にあるやり方だ。組織ができあがり、リーダーたちがきちんと細部にまでコミットし、責任を持てるようになった後の上級編が組織のフラット化だと僕は思う。その意識が根付いていないうちに、リーダーがリーダーの仕事をできていないうちは「追い越し禁止」が有効なプロセスとなる。僕はそう思っている。

フィードバックの5段階と並んで重要な、「ガマンする任せ方」の一つだ。

04 気づいても気にしない

■用人不疑、疑人不用

中国に「用人不疑、疑人不用」という言葉がある。直訳すると、「人を登用したならば疑ってはならない。疑わしき人ならば登用してはならない」という意味になる。部下を信じて「おまえに任せた」と言いながらも「部下を信頼せずに疑っている上司」に対して伝えたい言葉だ。

これを上司部下の関係になぞらえるのならば、「任せたのならば疑わない」「疑わしき部下ならば任せてはいけない」。そうとらえられるのではなかろうか。

これは本書にて繰り返し僕が伝えてきたことに極めて近いのではないかと思う。「任せる」ということは「自分と違うやり方」を許し認めることであり、部下の「失敗する権利」を認めることだ。そんな意味合いをずばり一言で言い表している成句であると言えよう。

この「疑わない」という言葉。文字面だけをそのまま理解すれば美しい理想論になるだろう。「任せたのならば信じきる」。何とも美しい師弟愛ではないか。しかし、そうではないと教えてくれる人がいた。

僕が敬愛してやまない著作家にして名経営者、ソフトブレーン創業者の宋文洲さんだ。宋さんのメールマガジンによればこのような理解が適するのだというのだ。

以下、宋さんの文章を引用しながらお伝えしていきたい。

■疑わないということは妄信することではない

（宋文洲メールマガジン2010年8月「偽リーダー2」より一部引用）

曹操が戦いに勝利した際、敵陣から押収した書類に部下からの転向を探る手紙も含まれていました。「全部焼け！」と命令した曹操は決して部下を疑っていないのではなく、「このくらいは許してもよい」という線引きがあったからです。

「疑わない」とは「知りながらも気にしない」という寛容であり、リーダーの心の広さです。決して事実も知らないで「性善説」とか「信じる」とかを妄信する幼稚な話ではないのです。

中国の大手不動産の社長に部下の不正について感想を聞きました。小学校卒の彼は笑いながら答えました。

「わしの企業は大樹。当然虫もつく。外に出てきた虫はつぶしてやるが、木の穴に隠れている奴も多い。むかし、わしはいろいろなものを穴に入れて退治しようとしたが、結局、木も弱ってしまう。今はそこまでしない。大樹の元気を守るのが大事だから」

これは無学な彼が苦労を通じて得た経験談ですが、私は妙に納得しました。トータルでプラスかマイナスか、たぶんこれがリーダーの「寛容」と「放任」を線引きする基準だと思います。（以上ここまでが引用文）

■ 気にしない、気にしない

部下に仕事を任せる。そう覚悟を決めてから、僕もこれと近い気持ちになることがある。「気がつくが気にしない」。そんな場面が多々あるのだ。

それは宋さんの文章にある通り、単なる「性善説」や「妄信」ではない。むしろ「寛容さ」に近い種類のものであるように感じるのだ。

「このまま部下のやり方で進めると、おそらくいくつかの問題が出てくるだろう。しかし、それでもいい。任せたのだから彼にまっとうさせてやろう」。心の底からそう思えるのだ。そしてさらにこうも思う。

「余計な口出しをして部下が転ぶのを防ぐのではなく、思い切って彼に転ばせてやろう。そうすれば、きっと次からは転ばずにやれるようになる。目先の失敗を含めて経験させてあげればいいのだ。その方が長期的には大きな果実を手に入れられる。彼の成長のために、気にせずこのまま放っておこう」。そう思うことが頻繁にあるのだ。

その時の僕はイライラを感じることはない。もう一歩先にある「失敗を通じてたくましくなった彼の顔」が思い浮かぶからだ。目先のことで転んで膝をすりむいている部下の姿はまったく気にならない。たとえそれにより会社が多少の損失を被ることになったとしても気にならない。何かを手にするためには何かを失わなければならない。それがイメージできるからだと思うのだ。

そう考えると一つわかることがある。それは「口出しをガマンする」ことの意味合いだ。この言葉の意味を厳密に定義していくと、実はそれは「ガマン」ではないことに気づくに違いない。「口出しをして目先の小さな利益を得る」よりも「あえてそれを気にせず放っておくことでより大きな果実を手にすることを確信している様子」が目に浮かぶからだ。

人はそれを「ガマン」とは呼ばない。「ガマン」ではなく「喜んで」「気にしない」。そんな精神状態が目に浮かんでくることだろう。

僕たちリーダーが目指すのはこの心境だ。つまりは「寛容」になる。一つ上の大きな「器」を持つ。それが重要になってくる。宋さんのメールマガジンはそれを教えてくれている。

CHAPTER 6

定期的にコミュニケーションする

01 1日1回、週1回

■ 何かあったら、では相談できない

「何かあったらいつでも相談に来いよ」、僕が言う。

「わかりました！」部下が元気よく返した。

しかしその後、部下から相談されたことは一度もなかった。そして気づいた時には既に遅かった。部下に任せたはずの仕事はまったく進んでおらず、時間だけがムダに過ぎていた。もうにっちもさっちもいかなくなっていたのである。

なぜ部下は上司に相談しないのか？　答えは簡単だ。相談したくないからである。

理由はいくらでもある。まず忙しそうにしている上司に声をかけにくい。さらには、相

談するためには準備がいる。準備もなしに相談したら叱られ詰められてしまう。だから準備ができたら相談しよう、と考える。そのまま準備をせずに1週間、2週間と時間を引き延ばしてしまう。

そうして遅れが生じるようになるとますます相談しにくくなる。マイナス情報を上司に伝えるのは気後れするものだ。仕事をため込んでいたことがばれてしまう。それならば、余計なことを上司に言わない方がいい。自分で何とか処理してしまえ！　そう思って、ますます相談できなくなる。

つまり「何かあったら相談に来いよ」は、論理的に成り立たないのだ。それに部下は気づいていない。いや、上司すら気づいていない。部下に仕事を任せる際に、これこそが最も危険な報連相のスタイルなのだ。

■ 1日1回、週1回

この問題を防ぐためには、コミュニケーションの定例化が有効となる。僕がクライアントの経営者に必ずアドバイスしているのがこの1日1回、週1回というものだ。

1日1回とは、業務日報を提出させそれをチーム全員で共有する、という方法だ。これをチームで習慣化する。これがないと部下が毎日何をやっているのかが見えなくなる。上司として「部下に任せる」と言った手前、「あの仕事どうなっている?」と毎日尻を叩くわけにはいかない。そうなるとコミュニケーションが断絶する。待っているだけでもダメ。こちらから尻を叩くのもダメ。ここでゲームオーバーとなってしまうのだ。

そうならないためには定例コミュニケーションで担保するしかない。そのための業務日報なのだ。これが習慣化されればもうあなたからせっつく必要はない。日報を見ながら、どうしても気になることだけを最小限度で部下に確認すればいい。さらには、朝礼、終礼などを適宜開催しても良い。そこで業務の進捗を報告してもらう、という手もある。ポイントは1日1回の共有だ。これが「任せる」ことを加速する。

週1回とは、部下一人ひとりとの定例面談を指す。可能ならば一人1回1時間。それがムリならば30分間、いや15分間でもいい。とにかく毎週一対一で行う。これが大切だ。面倒だからとまとめて数人とやってはいけない。一対一だからこそ心を開いて話してくれることがある。一対一だからこそ話題にできる、緊急ではない大切な話題があるのだ。

面談で話し合う内容は多岐にわたるだろう。基本は任せた仕事のＰＤＣＡだ。計画(Plan)、実行(Do)、検証(Check)、修正・仕組み化(Action)のうち、Ｄo以外を面談で行うのだ。

「次のステップは何をする予定なの？　どんな資料を使うのかな？」

と計画（Plan）を確認し助言する。

「昨日の顧客訪問どうだった？　今後に向けて修正が必要なところはどこかな？」

と検証（Check）から修正（Action）へと話題をつなげる。それを週1回面談で行うのだ。

定例の面談が「任せる」を支援し担保する。そして「任せる」ことを加速させるのだ。

■ 未来をつくる緊急ではない重要事項

仕事を分類する有名なフレームワークが「緊急×重要のマトリクス」だ。緊急か、緊急でないか。重要か重要でないか。それぞれをかけ算した4つの表組みで仕事を分類する、誰もが知っている有名な考え方だ（187ページを参照）。

緊急かつ重要事項はいわゆる「稼ぎ頭」の仕事だ。営業であれば顧客訪問がそれにあたるし、内勤であれば重要な会議や面談打ち合わせがそれにあたる。この象限の仕事で1日の大半が過ぎ去り、なおかつそれにより利益が生み出される。

緊急でない重要事項とは、締め切りがない仕事だ。例えば部署の戦略を考える。仕事の進め方を改善しマニュアル化する。部下育成をする、など。僕はこれを「投資と予防活動」と呼んでいる。それを実行すれば明るい未来が待っている、やればやるほど幸せに近づくとわかってはいるが、なかなか手がつけられない仕事。それが緊急でない重要事項だ。

これとは逆になる緊急だが重要でない事項は、「お付き合い」の象限だ。急にかかってくる電話に時間を取られる。予定外の訪問につきあわなくてはならない。急遽頼まれた資料作成などなど。そんなに重要ではないが緊急で飛び込んでくる仕事に「お付き合い」をすることで1日の使える時間が減っていく。この時間をいかに減らすかが重要だ。

この中で最も大切なのが緊急でない重要事項だ。それを実践できる人は幸せに近づき、そうでない人は一生ドタバタと毎日を過ごすことになる。モグラ叩きをやり続けなくてはならないのだ。

週1回の面談はそれを可能にする。緊急事項だけに汲々《きゅうきゅう》とするのではなく、本質的な「投資と予防活動」についての話題が自然と増えていくのだ。

「何かあったら話そう」では、緊急でない重要事項の話題が出てこない。緊急事項の話題ばかりになるだろう。それを防ぐのだ。そのためにも定例の面談が有効になるだろう。

1日1回、週1回習慣化ワーク

部下に仕事を任せ、口出しをガマンする際に欠かせないのが定例コミュニケーションです。これを抜きに任せっきりにすると、部下は糸の切れた凧のように勝手に振る舞い、任せたことがマイナスになってしまうからです。

1日1回、週1回コミュニケーション実践シート

あなたのチームは下記の定例コミュニケーションを実施しているでしょうか？YES、NOで答えて下さい。また実践内容を記述して下さい。実践していないが実践が必要な場合、もしくは改善が必要な場合は、それを記載して下さい。

	種別	導入	実施内容
1日1回	業務日報	YES・NO	
	声かけ 電話かけ	YES・NO	
	その他	YES・NO	

	種別	導入	実施内容
週1回	1対1面談	YES・NO	
	チーム会議	YES・NO	
	その他	YES・NO	

02 取り調べ尋問をするな

■ 取り調べ尋問は部下の主体性を奪う

「志村さん、この前の案件どうなっているの？　いつまでにやるつもり？　なぜできないの？」

営業部門担当部長が我が社の営業プランナーと面談している声が隣の会議室から聞こえてきた。僕は聞きながら思った。これじゃあまるで刑事が犯人を取り調べているみたいだなぁ、と。尋問されるメンバーの身になったらたまらないだろうな、と思ったのだ。

週に1度の面談が効果的に運用されるためには上司の強い意思が必要だ。決して面談を取り調べにはしないぞ。任せた部下を支援する。サポーターとしての姿勢で臨むよう決意が必要なのだ。そうしないと簡単に取り調べ尋問をしてしまうからだ。

取り調べ尋問を行うことにより、面談の大切な機能がすべてぶち壊しになってしまうだろう。まず、面談を繰り返すほどに醸成されるはずの信頼関係が逆に壊れていく。さらには心を開いた本音の相談が出てこなくなる。それだけではない。取り調べ尋問をすることで大切な部下の主体性を奪ってしまう。部下のやる気を削いでしまうのだ。

当然のことながら、話の内容は緊急かつ重要事項へと絞り込まれていく。本来行われるべきである緊急でない重要事項の話題が出てこなくなってしまうのだ。

取り調べ尋問は百害あって一利なし。部下に仕事を任せるのであるならばそう肝に銘じておきたい。

■ 相談したいことを相談させるティータイム

オフィスのそばのタリーズ・コーヒー。テーブルの上にはいい香りがするコーヒーが2つ並んでいる。僕は営業部長と数分間、世間話をした後にこう口火を切った。

「じゃあ、そろそろ始めようか。丸山さん、僕に何か聞きたいことはあるかい？」

「はい。実は日本商事さんへ提案する資料の件でアドバイスをいただきたいと思っています。それともう一つ。営業プランナーの行動量が落ちてしまっているんです。それへの対策について考えてきましたのでご意見を伺いたいと思います」。そうか、そうか。僕はうなずきながら答えた。

「どこからでもいいよ。話したいことから相談してみてよ」

こうして僕と営業部長との週1回定例のティータイムが始まった。飲むのは紅茶ではなくいつもコーヒーではあるが。

僕はこの面談をこう位置づけている。

「上司が聞きたいことを部下に尋ねる場面ではなく、部下が聞きたいことを上司に尋ねる場面にしよう」と。

そのためにできるだけ部下に主体性を持たせるよう意識して進行しているのだ。

僕の場合、相手にする部下は取締役兼部長ばかり3人だ。だから、進め方は100%部下に任せている。僕は黙って話を聞き、求められた時にだけ発言をすればいい。しかし、皆さんの部下が相手ではそうはいかないかもしれない。もう少しこちら側がイニシアティブを持って進めないと面談が前に進まないかもしれないだろう。

しかし、根本は変わらない。この面談の主役は部下だ。部下が主体性を持ってこの場を有効活用するのだ。上司が主役になってはならない。

注：本章で述べている「ティータイム面談」は「1on1ミーティング」とほぼ同意である。単行本執筆時（2011年）において「1on1ミーティング」はまだ知られておらず、「ティータイム面談」の概念は筆者が自らの体験をもとに独自に編み出したマネジメント手法であった。

■相手に合わせて臨機応変

週1回のティータイム面談。主役は上司ではなく部下。講演でそう話した後に質問の手があがった。

「小倉さん。面談の注意事項はよくわかりました。しかしね。小倉さん。うちの部下の場合、まだそのレベルに達していないのです。彼らの質問に答えるだけでは抜け漏れだらけ。こちらから注意して『あの件はどうなっている？』『この件はもう対策を打ったか？』と確認してあげないと、とてもじゃあないけど問題が頻発してしまうのですよ。その場合でも、こちらから『尋問』をしてはいけないのでしょうか？　まったくイメージがわかないのですが……」

なるほど。極めて現実的な質問だ。僕は質問をしてくれた方とその部下の方の様子が目の前にありありと浮かんできた。そうしてこう答えた。

「その場合は、上司の方からどんどん質問して下さい。遠慮しなくて結構。ただし、『尋問』はいけません。同じことを聞くのでも聞き方一つで『質問』にも『尋問』にもなるんです。部下の主体性を奪わないように。5段階のフィードバックなども使いながら意識してやってみて下さい。それさえできれば、相手に応じてどんどん上司の方から『質問』をしてあげてもいいと思いますよ」。そう答えたのだ。

リーダーシップの発揮方法について有名なセオリーがある。ハーシー&ブランチャードが提唱したSL理論。Situational Leadership、すなわち状況適応論という考え方だ。部下に対するリーダーシップの発揮方法は大きく分けて4つある。成熟した大人の部下に対してはできるだけ放任する。しかし、未成熟な子供の部下に対しては指示的側面を強くし、なおかつ対人関係上の配慮もしてあげることが必要だ。能力はあるがやる気が低い部下には対人関係上の配慮を強くし、その逆のやる気はあるが能力の低い部下には指示的側面を強くする。そんな考え方である。

上司と部下の面談も考え方は同じだ。部下の成熟度によって上司のかかわりを変えてい

1対1面談実践ワーク

1対1の面談はやり方次第で毒にも薬にもなります。部下の主体性を奪わないためには、面談の進行も部下を主役にすることが大切。上司が主導権を握らずに面談を進めることで主体性を奪わずに支援が可能になります。

取り調べ尋問とティータイムとの違い

ティータイムは部下が主役。取り調べ尋問は上司が主役。あくまでも主役と意思決定権を部下に渡しながら、支援者のスタンスを崩さずに注意深く面談を進めましょう。

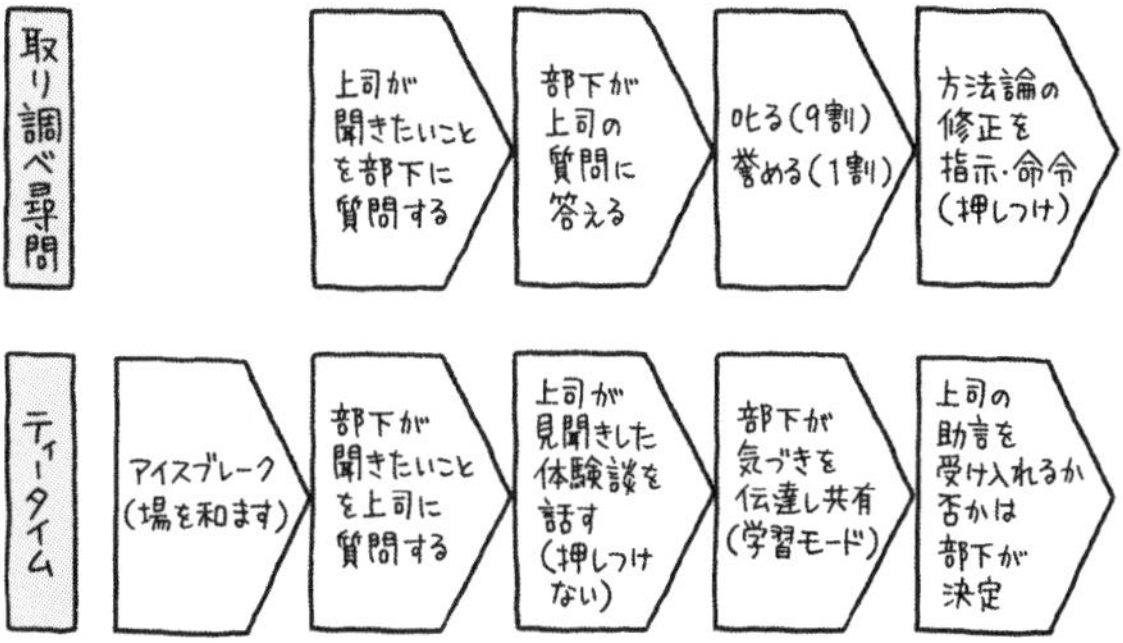

取り調べ尋問
上司が聞きたいことを部下に質問する
部下が上司の質問に答える
叱る（9割）
誉める（1割）
方法論の修正を指示・命令（押しつけ）
ティータイム
アイスブレーク（場を和ます）
部下が聞きたいことを上司に質問する
上司が見聞きした体験談を話す（押しつけない）
部下が気づきを伝達し共有（学習モード）
上司の助言を受け入れるか否かは部下が決定

く。相手に合わせて臨機応変に対応することが大切だ。基本は守りながらも適宜状況に合わせていく。そんな考えで進めてみていただきたい。

03 心のガソリンを補給せよ

■アクノリッジメント＝心のガソリン

上司から一段高いレベルの仕事を任されているがうまくいかず、ストレスにさいなまれている部下がいたとしよう。今、彼に最も必要なものは何であろうか？

技術的なアドバイスだろうか？　やればできる、という励ましであろうか？　このままじゃダメだ、という叱責《しっせき》だろうか。僕はどれも違うと思うのだ。

今、彼に必要なのはアクノリッジメント（存在承認）だ。達成したら誉める、しなければ誉めない、という成果承認だけでなく、達成にかかわらず部下を認め感謝する。

「僕たちと一緒にやってくれてありがとう。達成してもしなくてもあなたはいつも僕たちの仲間です」

そんな成果にかかわらない承認のサイン、アクノリッジメントを部下に伝えることが一番大切だと僕は思う。具体的には以下のようなセリフが有効だろう。

「山川さん、昨日も遅くまで頑張っていたね。睡眠をちゃんと取るよう気をつけてね」

「伊藤さん、今朝伊藤さんの通っている沿線で事故があったみたいだね。大丈夫だった？」

「志村さんはいつも挨拶の声が大きくていいねぇ」

成果にかかわらず、部下の存在を認めている、いつも見守っているということを言葉に表す。それがアクノリッジメントだ。アクノリッジメントは別名「心のガソリン」ともいう。

難しい仕事を任され、うまく進めることができず不安と孤独を感じている部下たち。そんな彼らに必要なのは問題解決ではなく心のガソリンだ。僕は自らの体験を思い出しながらそう確信している。

■問題解決ではなく共感理解

「ねぇねぇ。聞いてよ。隣の高橋さん。今日は燃えるゴミの日なのに燃えないゴミを平気

アクノリッジメント・ワーク

結果が出たから誉める。これは条件付きの愛情であり、本当の愛情＝無条件の愛ではありません。同じチームのメンバーに対しては無条件の愛を示したいもの。それがアクノリッジメント＝存在承認です。

アクノリッジメント・コメント抽出ワークシート

日頃慣れていないアクノリッジメント＝存在承認を、どのようにつくり上げ、どう話しかけるか？ 以下のワークシートを用いてアクノリッジメントに慣れていただきたいと思います。

名前	アクノリッジメントの対象		具体的なコメント（話し言葉で記載）
さん	・ ・ ・	▶	
さん	・ ・ ・	▶	
さん	・ ・ ・	▶	
さん	・ ・ ・	▶	
さん	・ ・ ・	▶	
さん	・ ・ ・	▶	
さん	・ ・ ・	▶	

で出しているのよ。ひどいと思わない？」。早朝会議に出かけようと大慌てで準備をしている僕にお構いなしに妻が言う。

「でも、直接言うわけにはいかないじゃない？　ご近所づきあいは続くわけだしねぇ」

僕は思わずどなりそうになった。

「そんなことはどうでもいいじゃないか！　こっちは仕事で忙しいんだ！」

しかし僕は冷静さを取り戻してこう言った。

「区の清掃局に電話してあげようか？」。すると妻は「いや、そんな大げさなことじゃないのよ」。続けて僕。「じゃあ町内会に聞いてみようか？」。さらに妻。「そういうことじゃないの」。ついに切れる僕。「じゃあどうしろというんだよ！」。すると妻は言った。

「どうもしなくていいの！　『へぇそうだったのか』と聞いてくれればいいのよ」

ある本によると男の脳は「問題を解決したい」脳だという。そして女の脳は「共感したい」脳だというのだ。僕はその本を読んで深くうなずいた。

ところがこの話。男女の違いにかかわらずよくあることだと思うのだ。つまり、こういうことだ。「上司の脳は問題解決をしたがる」「部下の脳は共感を求める」。僕はそう思う。

面談で大事なのは「問題解決」だとは限らない。それと同じかそれ以上に大事なのは

「共感」し「わかって」あげることだ。

「そうかぁ。君はそんなことを悩んでいたのかぁ。しんどかっただろう？」

「そんなに大変だったのかぁ。頑張ったんだなぁ」

部下の状況を部下の気持ちになって感情移入して聞いてみる。部下と同化し、部下の気持ちを味わいそれを言葉に表すのだ。そこに問題解決はいらない。すると部下はこう思う。

「この人は僕をわかってくれた。僕の気持ちをわかってくれたんだ」。

多くの問題はこの段階で解決する。本当は部下だってわかっているのだ。何をすればいいのか、どうすればいいのかを。しかし一歩踏み出せない。その背中を押してあげることと。これだけで問題は解決だ。まずやるべきは共感なのだ。

■口は一つ、耳は二つ

「問題解決」ではなく「共感理解」。この原則を身につけると自然と行動が変わるはずだ。

それはすなわち、面談において上司は「話す」よりも「聞く」が大切、ということだ。

口は一つ。耳は二つ。神様はよくわかっていらっしゃる。「話す」ことの2倍「聞き」

なさい。神様はそう僕たちに教えてくれているのだ。

僕がまだ若かりし20代、30代の頃、僕は一方的に話し続けるダメ上司だった。なぜならば僕はそれが部下へ対するプレゼントだと思っていたのだ。元トップ・プレイヤーの僕のノウハウを惜しみなく伝えてあげよう。どうだ！　こんなに素晴らしいノウハウを教えてもらって君たちは嬉しいだろう！　そんなふうに考えていた。良かれと思い話し続けていたのだ。口は一つ、耳は二つ、ということを知らなかったのだ。

強制は反発を生む。強制することで「相手に矢印」を向けさせてしまうのだ。そうではなく上司は部下に「自分で決めさせ」、「自分で決意する」ための環境をつくってあげればいい。具体的にはコーチングの技術が有効だろう。

「君はどうしたらいいと思う?」。上司は答えを言うのではなく「質問」をするのだ。そして部下に考えさせ、自分で答えを出させてあげるのだ。おそらく会話の比率は、上司：部下＝2：8くらいになるだろう。しかし、多くの上司部下面談において会話の比率はその逆になっている。上司：部下＝8：2。これが標準だろう。

「話す」ではなく「聞く」。これが定期面談の基本だ。

04 締め切りのない仕事に締め切りをつくれ

■ 緊急でない重要事項、二つの特徴

戦略を練る時間、仕事の標準化やマニュアル化、部下育成、そして勉強や自己啓発など。「未来への投資」「問題予防」は緊急でない重要事項だ。これらを実行すればするほど未来が明るくなり幸せな人生に近づいていく。誰でもそれはわかっているはずだ。しかし、なかなか実行には移せない。緊急事項にがんじがらめになってしまい、肝心なところに時間を割けないのだ。それは部下だけでなく上司も同じだろう。ではなぜそうなるのか？ なぜできないのか？ その原因となるのが、緊急でない重要事項の二つの特徴にあると僕は思う。

一つ目の特徴は、緊急でない重要事項は「大きなかたまり」である、ということだ。例えば、それとは逆である緊急事項の一つである「伝票処理」と比べてみればいい。伝票処理は「小さなかたまり」である。やることは決まっている。書式通りに記載する。それだけである。複雑でもなければ複合的でもない。だからすぐに取りかかれる。

しかし、緊急でない重要事項はどれも複雑かつ複合的だ。例えば業務の標準化、マニュアル化。部署の戦略立案。部下育成。どれ一つ取っても一筋縄ではいかないことがわかるだろう。だから、着手しづらい。設計図を先に書かなくては組み立てられないのだ。これを前に進めるにはブレーク・ダウンという技術が必要だ。大きなかたまりを小さなかたまりへと砕く。上司は部下のブレーク・ダウンをお手伝いしてあげる必要があるのだ。

二つ目の特徴は、当たり前のことではあるが、緊急でない重要事項には締め切りがない、ということだ。締め切りがない重要事項と、締め切りはあるがあまり重要でない事項。前者の方が大切とわかっていながらもつい後者に手をかけてしまうのは、締め切りの有無なのだ。

ならば、後者に締め切りをつくればいい。締め切りがない仕事に「自分の意思」で部下に締め切りをつくらせるのだ。いつまでにやり終えると決めて、皆に宣言をさせるのだ。

緊急事項と重要事項のマトリクス

緊急でない重要事項を実践すればするほど、その人は幸せと理想の人生に近づいていきます。では、それぞれのマトリクスにはどのような事項が存在するのでしょうか？　下記マトリクスで確認をして下さい。

	緊急	緊急でない
重要	**重要かつ緊急事項** 稼ぎ頭 ○顧客訪問、顧客対応 ○締め切りが明確な仕事 ○会議、ミーティング、面談 ○病気、事故 ○トラブル対応 ○ケンカ、いさかいごと	**重要事項** 未来への投資、問題の予防 ○人材育成、人間関係づくり ○仕事の改善・改革 ○ビジョン、戦略設定・共有 ○権限委譲、役割変更 ○学習、自己啓発 ○健康づくり、運動 ○人脈づくり ○家族関係や趣味の充実
重要でない	**緊急事項** お付き合い ○突然の訪問、来客、電話 ○突然の仕事の依頼 ○重要ではない会議や打ち合わせ ○重要ではない仕事、提出物 ○意味のない付き合い ○届け出や提出物	**不要事項** ストレスの駆け込み寺 ○おしゃべりや暇つぶし ○必要性のない仕事 ○待ち時間、返事待ちの時間 ○だらだらと見るテレビやマンガ ○必要以上の睡眠 ○ごろ寝

それが前に進む原動力となることだろう。

■ブレーク・ダウンを手伝う

部下の仕事の大きなかたまりをブレーク・ダウンして小さなかたまりにしてあげる。そのお手伝いをすることで部下を支援することができるだろう。部下が重要事項に着手することに力を貸すことができるのだ。

例えば、標準化・マニュアル化。それをブレーク・ダウンすると以下のようになる。

・業務の洗い出し　・業務のフローチャート化　・最適な遂行方法の取捨選択
・マニュアルのページ構成、目次作成　・マニュアルの原稿執筆
・図表や写真などの作成　・一次案をもとにした現場ヒアリング、修正、上司承認

ざっと思い浮かぶだけでこれくらいのブレーク・ダウンが思い浮かぶことだろう。これを面談で手伝うのだ。上司が「質問」を投げかけるコーチング的コミュニケーションで話してもいい。部下が自分でできない時は、お手本を示してあげてもいいだろう。

まだブレーク・ダウンに慣れていない部下の手を取り、共に体験させてあげるのだ。部下が「経験したことのないこと」を部下に任せてはならない。ブレーク・ダウンは部下が経験していない苦手な仕事の代表格だ。だから一緒に手伝ってあげるといい。

大きなかたまりではどうしていいかわからない。巨大なかたまりにチャレンジするのは恐怖以外の何ものでもないだろう。

しかし、砕いてみればたいしたことはない。どうしていいかわからなかった過去の自分、恐怖を感じていた自分が嘘のように感じられることだろう。ブレーク・ダウンが部下の仕事を大きく前に進める原動力となるのだ。

■ マイルストーンを共に刻む

部下の仕事をブレーク・ダウンし小さく砕いてあげたなら、次はいよいよ「締め切りをつくる」ステップへと歩みを進めよう。緊急でない重要事項には締め切りがない。だからそれをつくってあげるのだ。しかも、つくる締め切りは一つではない。つまり「最終形の完成日」だけを決めるのではなく、途中、途中に、いくつかの中間締め切りをつくるのだ。

例えば先の標準化・マニュアル化を例に取って考えてみよう。大きなかたまりを小さなかたまりにブレーク・ダウンした。その一つひとつに中間締め切りをつくるのだ。一般的にはこれを「マイルストーン」（一里塚）と呼ぶ。

●業務の洗い出し　4月10日まで　●フローチャート化　4月13日まで……のように一里塚を刻んでいくのだ。

これで締め切りのない仕事に締め切りができた。これでようやく、「切羽詰まり度合い」において、重要ではない緊急事項に肩を並べることができたのである。

しかし、ここで終わらせてはならない。ここからさらに前に進めるのだ。それは、マイルストーンごとに上司のあなたが部下と面談をすることだ。つまりはあなたとの面談という締め切りをつくってあげるのだ。そしてそれをその場で手帳に書き込んでいく。これで、これまで緊急でない重要事項だったタスクが緊急かつ重要事項へと変貌したのだ。ぐっと優先度が上がることだろう。

このようにすれば上司は部下を支援することができる。なかなか取りかかることのできなかった緊急でない重要事項に日付を入れるのだ。これであなたの部下は幸せな人生に一歩近づいたことだろう。そして、それはあなた自身が幸せな人生に近づいた、ということでもある。さらに、それは僕の人生が幸せに近づいたことでもある。皆さんが幸せになることが僕の幸せなのだから。

CHAPTER 7

仕組みをつくって支援する

01 人の組合せで支援する

■スーパーマンをつくろうとするな

「野田君はねぇ、ガッツはあるんだが、仕事が雑なんだな。いいことを言って周囲をその気にさせるくせに、詰めが甘くて抜け漏れだらけ。結局うまくいかないんだ。本当は彼を部長に抜擢したいんだが、なかなか治らなくて困っているんだよ。小倉さん、誰かいい人いたら紹介してよ。喜んでヘッドハンティングするからさぁ」。クライアントの社長が言う。

野田課長の姿が目に浮かび、僕は笑いそうになってしまった。言われてみればそうかもしれない。社長が頼りなく思ってしまうのは仕方がないことだろう。しかし、果たしてそれでいいのだろうか、と僕は思った。

大企業でもなければ人気業種でもない。産業用機械をつくる地方の中小企業。そこで社長が求めるようなスーパーマンが育つのだろうか。外から採用できるのだろうか。それは現実的ではない。僕はそう思った。

「社長。きっちりと細かいことを進めてくれる今井係長を野田さんの下に配置転換できませんか？　野田課長の苦手なことを補ってくれると思うんです。一人にすべての能力を求めるのはムリです。スーパーマンをつくるのではなく、組合せで弱みを補い合う。そういう組織の考え方はできないでしょうか？」。僕はそう伝えた。

「そうかぁ……。私はスーパーマンをつくろうとしていたのかぁ……。だがなぁ、思い返せば、若い頃の私は、皆をやる気にさせるだけでなく細かいこともきっちりやっていたぞ。彼と同じくらいの年の頃には」。真剣な表情で言う。私は笑いながらこう返した。

「そりゃあそうですよ。だから社長なんじゃないですか！　彼は社長ではありません。けれども組合せ次第ではいい部長になると思いますよ。何でもできるスーパーマンを求めずに組合せで対応する。そういう考え方もあるのではないでしょうか」

うーん……。社長が長時間宙を仰いだ。そして独り言のようにつぶやいた。確かにそうかもしれない……。どうやら社長は少し考え方を変えようとしているようだ。

■ 組合せの妙――トップとナンバー2

世界に羽ばたいた日本を代表する二つの企業。ホンダ、ソニー両社には今さら語るまでもなく、組合せ抜群の創業者、トップとナンバー2がいた。

研究者として画期的な技術を開発する井深大。単身ニューヨークに飛び込みトランジスタラジオを売りまくった盛田昭夫。

工場でつなぎを着てモノづくりの何たるかを示し、社員から親父と慕われた本田宗一郎。財務や戦略立案に長け、本田の夢をすべて形に仕上げていった藤沢武夫。

世界的な名経営者でさえ一人では何もできなかった。自分の苦手を補ってくれるナンバー2の存在があってこそ彼らの強みが光り輝いたのである。まさに組合せの妙だったのだ。

もしも、あなたがリーダーを育てたいと思うのならば、彼の苦手を補ってくれるナンバー2をセットで考えた方がいい。そして、ナンバー2との組合せでリーダーにリーダーシップを発揮させるのだ。その際、新たに抜擢するリーダーと組み合わせるナンバー2の二

組合せマッチング・ワーク

私たちリーダーはスーパーマンを求めてはなりません。平凡な人材を組み合わせて非凡な成果を上げる。それがリーダーの役割です。得意なことと苦手なこと。それぞれ人の組合せで対応するのです。

組合せマッチング・シート

部下の名前とその人の得意分野、苦手分野をそれぞれ記入します。次に、人の組合せにより、苦手を克服するマッチングを考え、人と人とを線で結びます。マッチングは人事異動、チーム配属などに反映させます。

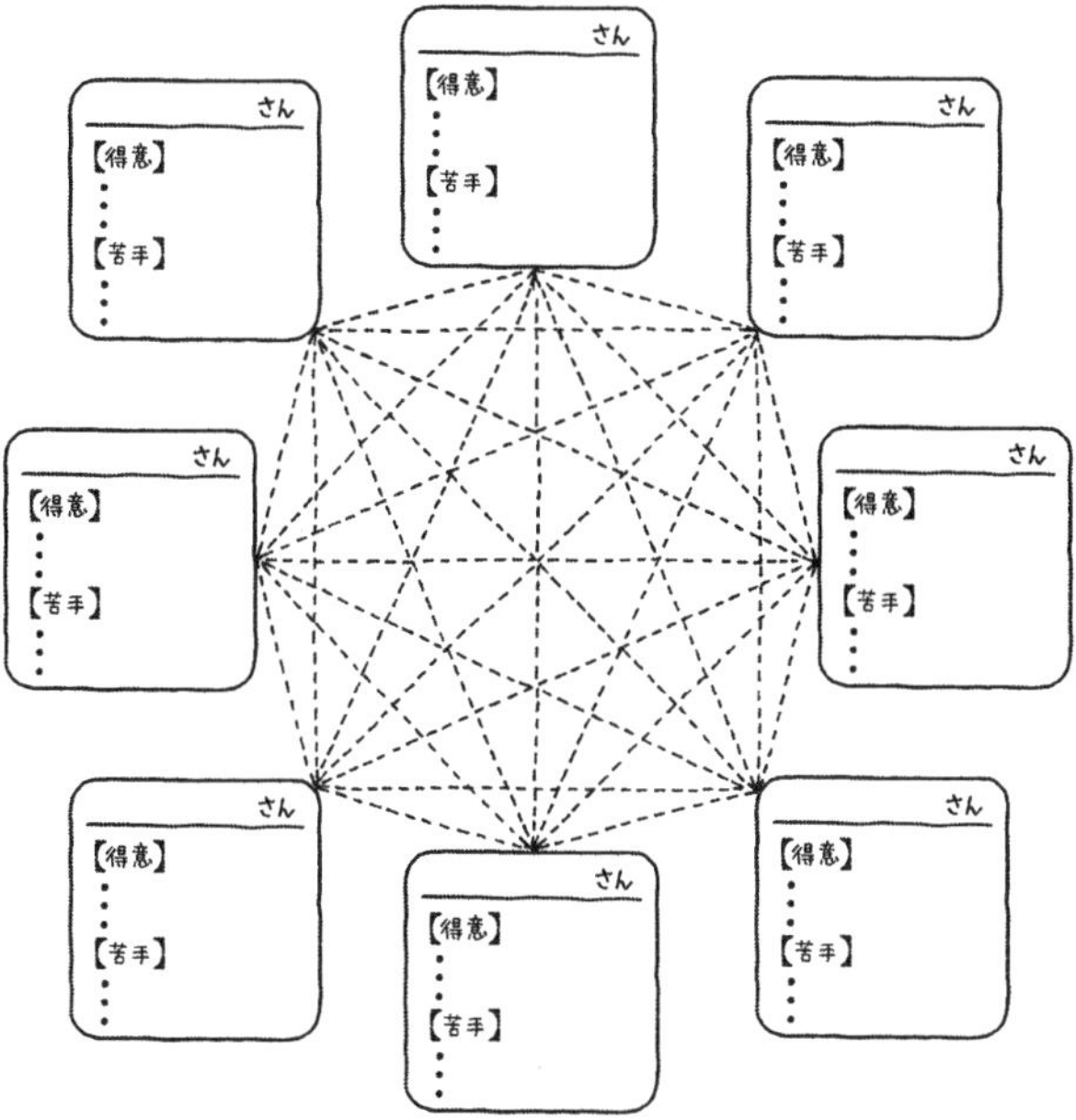

人にはあらかじめ意図を伝えた方がいいだろう。まずは野田課長と今井係長。そしてナンバー2がみごとに期待に応えた時には次に彼を昇進昇格させるのだ。野田部長と今井課長という具合に。名コンビのできあがりだ。

組合せの妙は、実務能力の組合せに限らない。明るく場を盛り上げる人と、地味な仕事をじっくりしてくれる人の組合せ、などのようにタイプ別に組合せてもいいだろう。

仕事を任せる時は、すべてを任せられる人を探そうとしてはいけない。組合せで考える。そうすれば、任せるのはムリではないか……とあきらめていた仕事も任せられる、ということがわかるだろう。スーパーマンではない普通の人に対しても、あなたの重要な仕事を下ろすことはできるのだ。

■ 平凡な人材で非凡な成果をあげる

そもそも組織とは「平凡な人材で非凡な成果をあげる」ためのものである。しかし、僕たちリーダーはついついスーパーマンを求めてしまうのだ。

プロ野球球団読売巨人軍を思い浮かべてほしい。かつて巨人軍は人気と資金にあかせて全球団からスター選手を集めたオールスター・チームを組んでいたことがあった。その時に中日の落合監督（当時）は、フロントからの選手補強を断った。今いる選手だけでチームを強化したいと申し入れ、巨人軍とは正反対なチームづくりを断行したのだ。そして、こう言った。

「今の巨人の戦力なら、今日のお客さん、子供から年輩の方までのうち、誰が監督をやっても勝てますよ」

「よそから選手を集めるだけではなく、時間をかけて選手・チームを育てなければ強いチームはできない。それを証明するために、我々は勝ちます」

そう言って実際にみごとな成績をおさめ続けたのだ。

スーパーマンがいなければ勝てない。スーパーマンがいれば勝てる。それはリーダーが自らの存在価値を否定しているに等しい発言だ。平凡な部下を組合せ、育て、やる気を高め、非凡なる成果をあげる。それこそがリーダーの役割であり醍醐味なのだ。

「任せたくても任せられる部下がいないよ」

そう言って嘆く前に、僕たちリーダーは考え方を変えなくてはならないのかもしれない。

02 武器を与える

■ **誰がやっても70点を取れる武器**

「小倉さん、僕の部下たちはセールス・トークが下手で困ります。いくらやり方を教えても現場で聞いていると耳をふさぎたくなるような状態です。仕方がないので、僕が全部しゃべらなければならない。いつまでたっても成長してくれないんです」

営業担当役員兼部長の丸山さんがそう話す。僕は話を聞きながら「そりゃそうだろう」と思った。全員が丸山部長と同じくらい上手に話せたならば彼らに部下はやらせない。そうではなく実際には部下をやらせているのだから下手で当然だと思ったのだ。

しかし、そのままでは困る。目標達成にはほど遠い。そこで必要となるのが「スーパーマンを求めない」「平凡な人材で非凡な成果をあげる」という考え方だ。ここでは組合せの妙ではなく、彼らに武器を与える、ということを考えてみたい。

本来、丸山部長がすべきことは、僕に対して部下の愚痴を言うことではなく自ら武器をつくることだ。例えば、セールス・トーク・マニュアルをつくる。お客様から質問された時に的確に答えられるようなQ&A、一問一答をつくる。お客様の課題を質問するためのヒアリング・シートをつくる。そしてこれらを的確に使えるようなロール・プレイを定期的に行うスケジュールを定める。それが本来の彼の仕事なのだ。

大切なのは「この武器さえ使えば」「誰がやっても70点は取れる」という仕組みをつくること。それがすなわち彼らに武器を与える、ということになるのだ。

部下の属人的な能力だけに頼っていてはいけない。平凡な部下に武器を与えることで、全員が常に70点を取れるように仕立てるのだ。彼らに仕事を任せるのは「その先」のこと。武器をつくり与えてから、ようやく部下に仕事を任せられるようになるのだ。

■ 残りの30点はホワイト・スペース

「誰がやっても70点取れるような仕組みや武器をつくる」。

しかし、仮にそれができたとしても、取れる点数は70点。計算上はあと30点足りないということになる。では残りの30点はどのようにすればいいのだろうか？　仕組みでカバーできない分は上司が細かく指示命令すればいいのだろうか？

いや、そうではない。それをしてしまってはいけない。その逆だ。答えは、部下に委ねる、というものだ。

すべてを上司がお膳立てしようと思ってはいけない。どんなに素晴らしい仕組みや武器をつくってもそれだけで100点を取れるようにはならない。それでは、部下は人間ではなくロボットになってしまう。彼らに成長を促すためにも、彼らを絶対にロボットにしてはならないのだ。

逆に残りの30点はホワイト・スペース（余白）としてわざと残すくらいでちょうどいい。その30点を彼らの独創性発揮の場としてわざと余白を与えるのだ。クリエイティブな思考を促すためにもこの考え方が必要だ。

考えてもみてほしい。そもそも部下に仕事を任せる一番の狙いは何であっただろうか。それは部下を育てる、部下の成長を促す、といったものだったはずだ。しかし、丸々100%を部下任せにしては潰れてしまう。いつまでたっても成長できない。任せられない。

だからこそ、武器を与えることにしたのだ。武器を与えすぎることで部下の成長を阻害したとしたらまさに本末転倒ということになるだろう。

残りの30点は堂々と部下に求めよう。そうでなくては部下もやりがいがなくなってしまうことだろう。

■ 単純化と専門化も同時に考える

誰がやっても70点取れるような武器を与える。一般的にこの行いは「標準化」と呼ばれる管理手法にあたる。ところが、この管理手法、「標準化」だけでなくあと二つを組み合わせて「改善の3S」と呼ばれているのだ。これを機会に残りの二つを理解しておこう。

3Sとは、「標準化」「単純化」「専門化」を表す英語の頭文字を取ったものだ。

標準化（Standardization）、単純化（Simplification）、専門化（Specialization）。

単純化とはまさに仕事を単純なものに変えることを指す。複雑な手続きをばっさりと切り捨て、簡素にすることでミスを減らしスピードを上げる。なくても良いような業務をなくしてしまう。もしくはチームに「重点商品」「重点エリア」「重点顧客」などを明示化し、それに集中的に取り組むようにテーマを掲げる。それらのいずれもが「単純化」と呼ばれる手法にあたる。

足し算ではなく引き算。それにより大切なことに集中させる。それが「単純化」と呼ばれる手法の狙いだ。

専門化とは、複雑な業務をいくつかに分割し、分割した一部のみをやらせることで習熟スピードを高め、生産性向上を目指す管理手法のことである。専門化にはいくつかの切り口がある。例えば商品別の専門化。我が社のコンサルタントを例に取るならば、「人事制度の専門チーム」「経営理念の専門チーム」「研修の専門チーム」などがそれにあたるだろう。

また業務プロセスの専門化というものもある。例えば営業プロセスをいくつかに分けて「電話によるアポイント取り専門部隊」「提案活動専門部隊」「顧客フォロー専門部隊」などの分割専門化なども有効な手法と言えるだろう。

このように、標準化だけでなく、単純化、専門化という視点も加えることで、部下に仕事を任せることが格段にやりやすくなることだろう。自分の部署にあてはめてどのような策があるかを考えてみてはいかがだろうか。

誰がやっても70点を取れる武器を与える

組織とは平凡な人材により非凡なる成果を成し遂げるためのもの。リーダーはメンバーの属人的な能力頼みになってはいけません。誰がやっても70点取れるだけの武器をつくる。それがリーダーの役目なのです。

徒手空拳と武器を与えることの違い

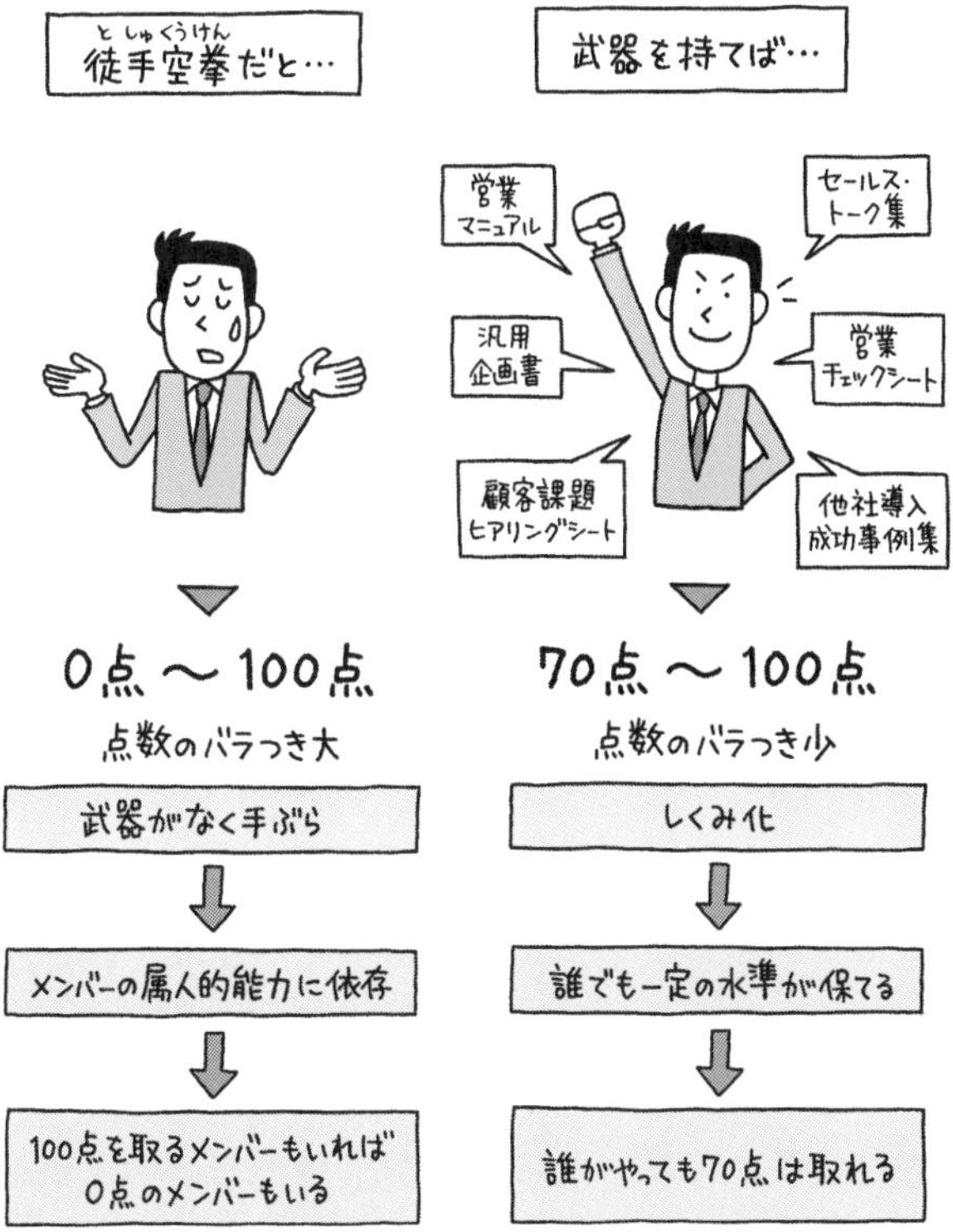

03 「全自動厳しい装置」

■見える化は「馬にニンジン」か？

「すごい……。本当に壁一面に貼り出されているんですね……」。我が社を訪れたお客様は、壁に貼られたたくさんのグラフを見て驚いた。そして、こんな質問をぶつけてきた。

「小倉さん、こんなにグラフを貼り出してしまうと職場が殺伐《さつばつ》とした雰囲気になりませんか。社員は競馬の馬ではない。鼻先にニンジンをぶらさげて走らせるような風土はどうでしょうか？　我が社でこれをやったら雰囲気が悪くなりそうです……」。僕はサラリと答える。

「皆さん、そうおっしゃいますが、果たしてそうでしょうか？　我が社では『見える化』

を始めてから逆に雰囲気が明るく優しくなりました。なぜだかわかりますか？」

「……？」。お客様は不思議そうな顔をした。僕はそのまま続けた。

「僕は『見える化』のことを『全自動厳しい装置』と呼んでいます。この装置を使うまでは、組織に必要な厳しさを上司が自ら背負っていました。つまり、朝から晩までガミガミと口うるさく部下の尻を叩いていたのです。しかし、『見える化』という『全自動厳しい装置』のおかげで上司がガミガミ言わなくて済むようになった。上司が優しくなることができたのです。だから職場がとても穏やかになった。いいムードに変わったのですよ」

なるほど、そういうことだったのか……。お客様は大変驚いた様子だった。

上司が部下に仕事を任せる、ということは、細かな口出しをガマンすることだ、とCHAPTER5でお伝えした。しかし、ガマンばかりしていて会社が潰れてしまっては元も子もない。必要なフィードバックは適宜しなければならないのだ。

その時にこの見える化が威力を発揮するだろう。「成果」の見える化、「プロセス」の見える化、「目標」の見える化、「役割分担」の見える化、など。オープンにすることにより、部下の自立的な主体性を応援することができるのだ。

見える化を進めることで、また一歩、部下に仕事を任せられる環境に近づくことだろう。

■ 1秒で理解できないものは見える化ではない

「小倉さん。アドバイスをいただいた『見える化』、早速やってみました」。得意げな表情でクライアント先の和田課長がやってきた。どれどれ見てみましょうか……。貼り出された大きな表組みを見て僕は思わずしかめ面をしてしまった。

「何かまずいところがありますか？」和田課長が心配そうにのぞき込む。うーん。僕はハッキリと伝えることにした。

「和田さん。僕はこの表組みを見て、和田さんが伝えたいことにたどりつくまでに1分以上かかりました。これでは見える化の意味がない。見える化は誰もが『1秒』でわからなければ意味がないんですよ」と。

見える化で重要なのはシンプルさと明快さだ。上司が伝えたいメッセージが全員に1秒で伝わること。達成しているのか、いないのか。不足部分は何なのか？　どれくらい不足しているのかが一目瞭然でわからなくてはならない。

そのためには多少の正確さを犠牲にしてもいいくらいだ。精緻にあらゆるものを盛り込んでしまっては、見える化にすらならない。そんな間違いを多く見かけてしまうのだ。

見える化で支援する

上司が部下の尻を叩くのではなく、部下が自律的に自分で自分にハッパをかける。そのために欠かせないのが見える化という仕組みです。見える化には3種類あります。以下を参考に実践してみてください。

3つの見える化

目標の見える化(例)

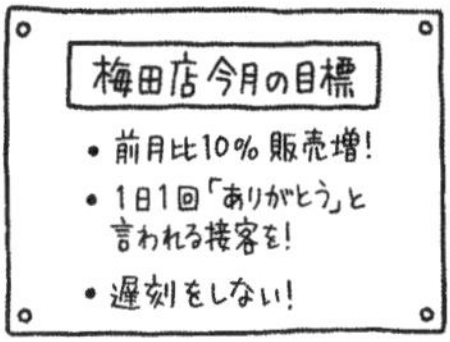

プロセスの見える化(例)

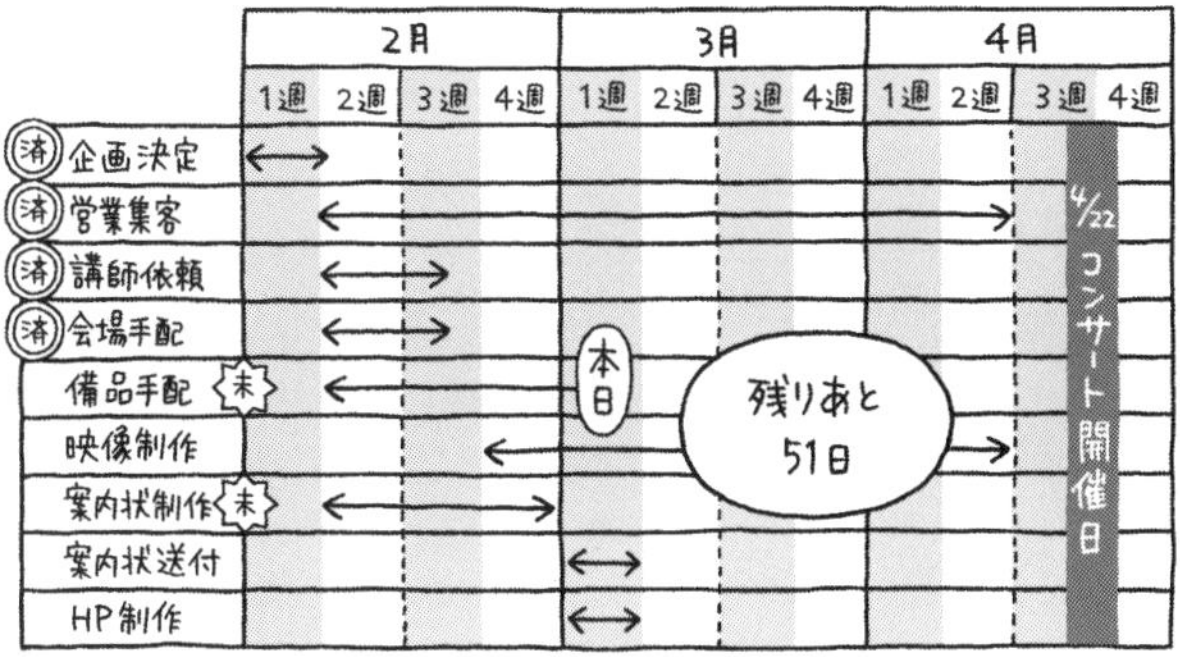

成果の見える化(例)

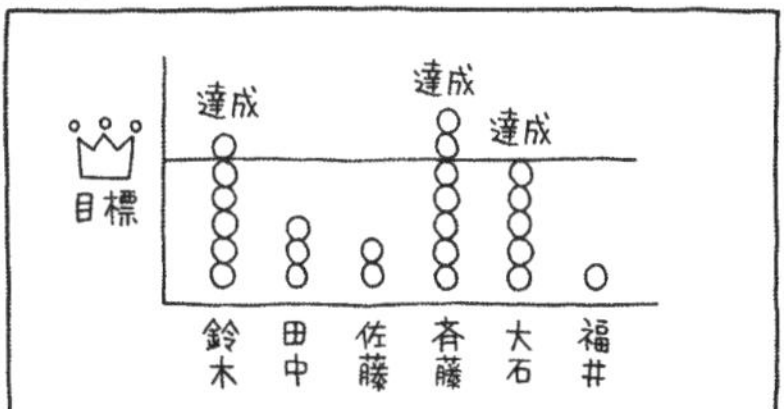

細かな達成率の数値を表組みで並べるくらいならば、達成したら○、未達成なら×、といった星取り表の方がはるかにわかりやすい。もしくは100％のところに一直線を引いて、棒グラフで並べる。それならばメッセージが一目瞭然になる。

あれもこれも、と欲張って盛り込んでは、結局何も手にすることはできない。シンプルに、わかりやすく。これを最優先で見える化に取り組んでみてほしいと思う。

■ リアルタイムにアップデート

見える化が続かない、最も多い原因がアップデートを怠ることにある。かつて、営業マンの目標達成率のグラフを見て僕がこう声をかけたことがある。

「おっ、山田君、達成まであと15％じゃないか！　あともう少し！　頑張ろうぜ！」

すると山田君がしらけた表情でこう答えたのだ。

「あぁ、小倉さん。その数字、2週間前の古い数字なんですよ。僕、結局そのままで達成できませんでした」。僕はそれを聞いてがっかりしてしまった。

これでは、見える化の意味がない。正確な数値がリアルタイムに表示されて初めて見える化が機能する。それを怠ってしまっては、誰も見える化を信用しなくなる。そもそも見ることさえもしなくなるのだ。

見える化の神髄は「おしゃべり」にある。壁に貼り出されたグラフを見ながら、上司と部下、同僚同士が互いにおしゃべりをする。それが相互に刺激を与え、自律的、能動的に動くことを促進するのだ。決して一人ひとりが無言でそれを見ることが効果を生むのではない。

であるならば、その数値が正確であり、リアルタイムに「現在」を表していなくてはならない。古い数値、間違った数値が貼ってあっては逆効果になる。部下に仕事を任せるための支援ではなく、妨げになってしまうからだ。僕たちリーダーは、見える化を始める際には、きちんとやりきることを決意しなくてはならない。中途半端にやるくらいなら、最初からやらない方がはるかにましなのだ。

04 ストーリーで横シャワーを起こす

■ 横シャワーの威力

「それじゃあ、谷口さんの部下がかわいそうだ。谷口さんは自分が目標達成したいがために部下を手足のように使っているだけじゃないか。僕が谷口さんの部下ならば、谷口さんを信頼することはできない」。ズバズバと手厳しい口調で大川さんが言った。

つい先ほどまでシュンとなって谷口さんからの指摘を受け入れていたとは思えないほどの厳しい口調だ。今度は攻守入れ替わり、大川さんが谷口さんの問題を指摘している。

しかし、不思議なことにそこに「仕返し」的なニュアンスは一切感じられない。あえてあげるなら「恩返し」か。先ほど自分に厳しい言葉を熱く語ってくれた谷口さんに、自分もお返しをしなければならない。そんなふうに感じられる、あたたかくも厳しい発言だったのだ。

谷口さんは青い顔をして立ち尽くしていた。そして絞り出すような声でこう言った。

「……大川さん。まさにその通りです。僕は自分のためだけに仕事をしていた。すぐにでも職場に帰って部下に謝りたい。課の運営を根本から見直したいと思います……」。

私がお手伝いをする研修では、講師の仕事はごくわずか。講師が受講生を指導するのではなく、受講生同士が互いにアドバイスを送りあい、共に変わっていく進行スタイルだ。「上司から部下へ」「先生から生徒へ」の指導は効果が薄い。なぜならば上からの指導＝「上シャワー」を受けた下の立場の人間は自分を守ることで精いっぱいになってしまうからだ。

自分を守る、ということは「自分は間違っていない」と自己正当化することを意味する。上司からの指導という名の自己否定を部下は受け入れず、必死に言い訳を自分にするのだ。

そうではなく、対等な同じ立場の人間同士で指摘し助言しあう「横シャワー」を起こせばいい。そうすれば自分を守る必要がなく、相手の指摘を素直に受け入れられるのだ。

僕たちリーダーはこのような環境を日頃の職場でつくり出すことが大切だ。部下同士が「横シャワー」を起こせるような職場をつくる。これこそがまさに人材育成の本質なのだ。上司が自ら「上シャワー」で叱る、誉める、を繰り返すことが育成ではないのだ。

■三流組織は上シャワー、一流組織は横シャワー

三流組織は上シャワー、一流組織は横シャワー。これは僕の造語だが、その理由がおわかりいただけたのではないだろうか。部下に仕事を任せ、部下の主体性を尊重する。その部下を陰から支援する重要な役目がこの横シャワーを起こす、ということなのだ。

横シャワーにはいくつかの種類がある。一つは先の研修の例であげたような問題点の指摘やアドバイスだ。しかし、これは先に学んだ「5段階のフィードバック」の4段階か5段階に相当する。いくら横シャワーとはいえ、率直すぎるフィードバックでこれにばかり頼っていては危険だ。もっと緩やかな刺激を継続的にもたらすことも重要だ。

そんな時に非常に効果が高いのが「ストーリー」による横シャワーを起こすことだ。ストーリーとは物語のこと。具体的に言うならば、同僚たちの「成功事例エピソード」がそれにあたるだろう。

同僚営業マンの新規大型受注のサクセス・ストーリー。研究開発技術者が画期的な技術を開発した汗と涙のストーリー。社内にひっそりと眠っているそのようなストーリーを探り出し、全社で共有するのだ。それこそが極めて良質な横シャワーとなる。

「あいつ、やるなぁ。あんなに頑張っていたのか。それに比べて自分はまだまだ努力が足りないなぁ。オレもあいつみたいになってみたい。今のままの自分ではイヤだ……」

そんな気持ちがごく自然に部下たちの間に芽生えてくるのだ。

上からでなく横からのシャワー。ストレートな指摘ではなく成功体験のストーリー。二重の意味で受け入れやすくなったメッセージは、彼らの心の氷を解かすことだろう。

僕たちリーダーが行うべきはそのための仕組みと環境づくり。具体的には、以下のような場面でストーリー共有を継続すると効果的だろう。

- 朝礼、終礼　●社内報　●全体集会　●部署内の会議　●面談　など。

早速、取り入れてみてはどうだろうか。

■ナラティブ・ストラクチャーで共有する

ストーリー共有にはいくつかのポイントがある。中でも最も大切なのは、ドラマティックに起承転結で伝えること。その際にはナラティブ・ストラクチャーの考え方が大いに役立つことだろう。ナラティブ・ストラクチャーとは世界中に伝わる民話に共通する「感動の構造」のこと。この構造に従って物語を語ることで、人は感動し心を強く動かされるのだ。具体例は、左記の例をご覧いただくとして、ざっと基本だけをお伝えしよう。

【欲求】美しい女性と結婚したい、金持ちになりたいなどの欲求から物語は始まる。

【障害】いきなり達成ではドラマにならない。欲求の先に障害＝壁が立ちはだかる。

【葛藤】主人公は葛藤する。あきらめるか、戦うか。この葛藤にドラマが生まれる。

【達成】葛藤の末、主人公は欲求をかなえ達成する。ドラマのハイライトシーンだ。

【浄化】そして主人公はスッキリとしたカタルシスを得る。めでたし、めでたし、だ。

この基本構造に沿って、部下の成功事例エピソードをストーリー化し共有するのだ。

この構造で共有することにより、部下たちのモチベーションは高まり、同時に、ベスト・プラクティス（成功事例）共有としての学習も達成することができる。

ストーリーで横シャワーを起こす。部下に仕事を任せる際に、強力な支援となることは間違いないだろう。

ナラティブ・ストラクチャーと横シャワー

上シャワーで叱る、誉めるには限界があります。三流組織は上シャワー、一流組織は横シャワーです。同時にナラティブ・ストラクチャーでの表現が大変効果的。この2つを組合せ、部下を支援していただきたいと思います。

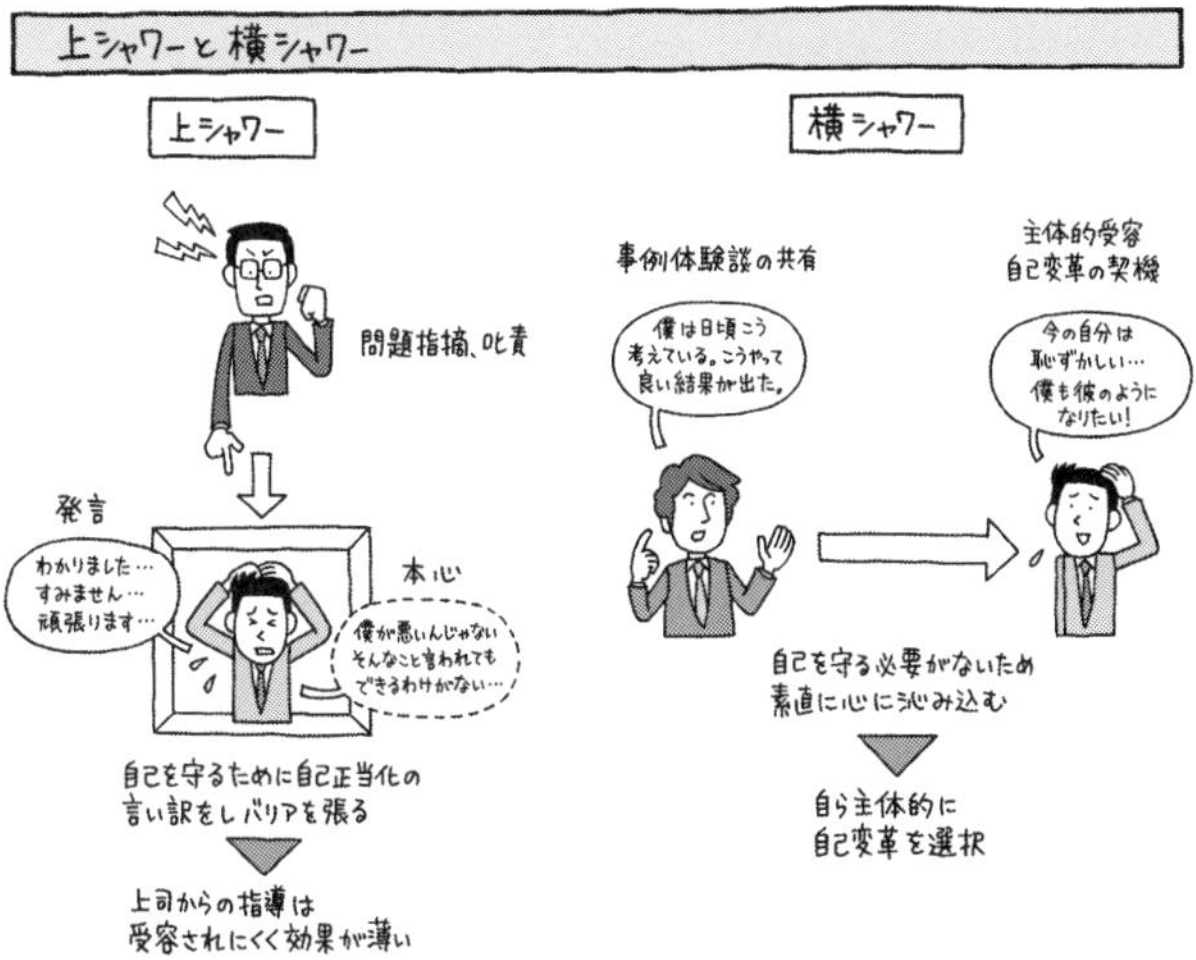

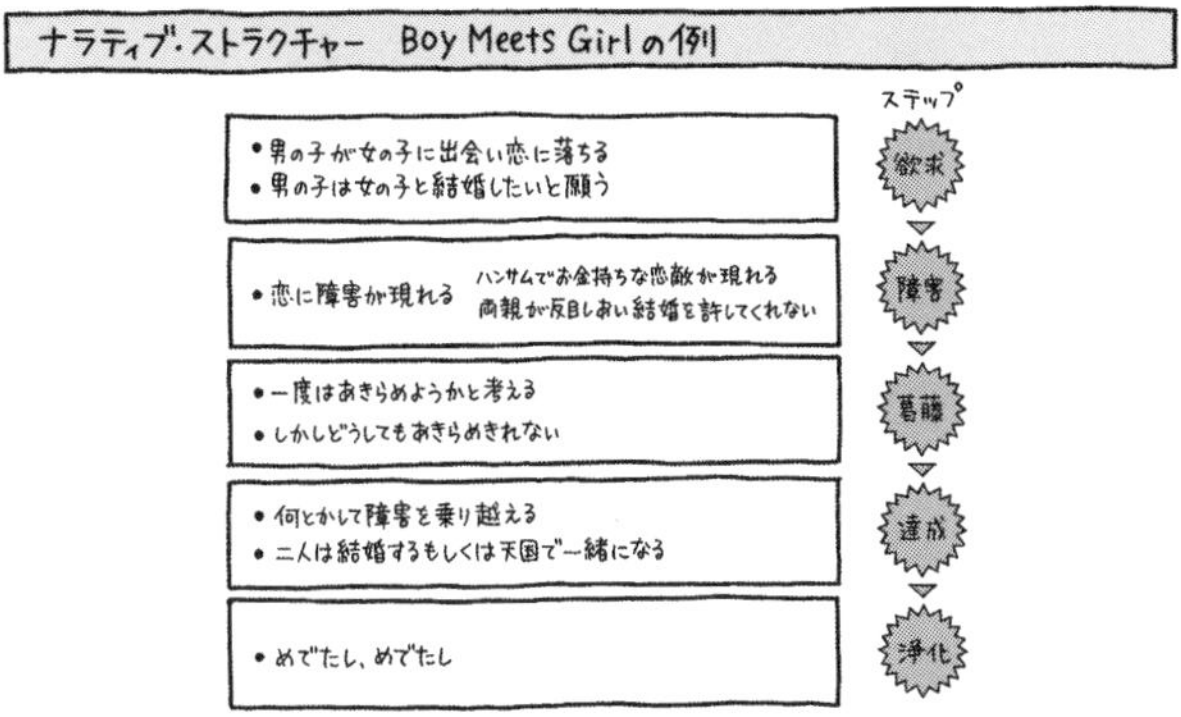

本書は、２０１１年1月に日本経済新聞出版社から発行した同名書を加筆・修正し、文庫化したものです。

日経ビジネス人文庫

任《まか》せる技術《ぎじゅつ》

2020年4月1日 第1刷発行

著者
小倉 広
おぐら・ひろし

発行者
白石 賢

発行
日経BP
日本経済新聞出版本部

発売
日経BPマーケティング
〒105-8308 東京都港区虎ノ門4-3-12

ブックデザイン
中村真衣子（梅田敏典デザイン事務所）

本文DTP
マーリンクレイン

印刷・製本
中央精版印刷

Printed in Japan ISBN978-4-532-19967-8

本書籍に関するお問い合わせ、ご連絡は下記にて承ります。
https://nkbp.jp/booksQA

nbb 好評既刊

難題が飛び込む男 土光敏夫

伊丹敬之

石川島播磨、東芝の再建に挑み、日本の行政の立て直しまで任された土光敏夫。臨調会長として国民的英雄にまでなった稀代の経済人の軌跡。

伊藤塾式 人生を変える勉強法

伊藤 真＋伊藤塾＝編著

勉強を楽しみ、自身を成長させる「伊藤塾式勉強法」とは？　司法試験などで多数の合格者を輩出するカリスマ塾長が、その極意を説く。

戦略参謀

稲田将人

なぜ事業不振から抜け出せないのか、ＰＤＣＡを回すには――。数々の経営改革に携わってきた著者による超リアルな企業改革ノベル。

経営参謀

稲田将人

戦略は「魔法の道具」ではない！　数多くの企業再生に携わってきた元マッキンゼーの改革請負人が贈る「戦略参謀シリーズ」第2弾。

稲盛和夫の実学 経営と会計

稲盛和夫

バブル経済に踊らされ、不良資産の山を築いた経営者は何をしていたのか。ゼロから経営の原理を学んだ著者の話題のベストセラー。